U0071064

古今人物的感情世界

——華夏一百六十年指標人物心態管窺

梅可望 著

封面設計：
實踐大學教務處出版組

出 版 心 語

　　近年來，全球數位出版蓄勢待發，美國從事數位出版的業者超過百家，亞洲數位出版的新勢力也正在起飛，諸如日本、中國大陸都方興未艾，而臺灣卻被視為數位出版的處女地，有極大的開發拓展空間。植基於此，本組自民國 93 年 9 月起，即醞釀規劃以數位出版模式，協助本校專任教師致力於學術出版，以激勵本校研究風氣，提昇教學品質及學術水準。

　　在規劃初期，調查得知秀威資訊科技股份有限公司是採行數位印刷模式並做數位少量隨需出版〔POD＝Print on Demand〕（含編印銷售發行）的科技公司，亦為中華民國政府出版品正式授權的 POD 數位處理中心，尤其該公司可提供「免費學術出版」形式，相當符合本組推展數位出版的立意。隨即與秀威公司密集接洽，雙方就數位出版服務要點、數位出版申請作業流程、出版發行合約書以及出版合作備忘錄等相關事宜逐一審慎研擬，歷時 9 個月，至民國 94 年 6 月始告順利簽核公布。

　　執行迄今，承蒙本校謝董事長孟雄、陳校長振貴、黃教務長博怡、藍教授秀璋以及秀威公司宋總經理政坤等多位長官給予本組全力的支持與指導，本校諸多教師亦身體力行，主動提供學術專著委由本組協助數位出版，數量近 50 本，在此一併致上最誠摯的謝意。諸般溫馨滿溢，將是挹注本組持續推展數位出版的最大動力。

　　本出版團隊由葉立誠組長、王雯珊老師、賴怡勳老師三人為組合，以極其有限的人力，充分發揮高效能的團隊精神，合作無間，各司統籌策劃、協商研擬、視覺設計等職掌，在精益求精的前提下，至望弘揚本校實踐大學的校譽，具體落實出版機能。

實踐大學教務處出版組　謹識

2012 年 6 月

世界觀、人文心、同胞愛

一八四〇年的鴉片戰爭，大清帝國的腐敗無能，顢頇誤國，簽訂了喪權辱國的條約，開始被稱為「東亞病夫」，八國聯軍、天津條約、璦琿條約、伊犁條約、馬關條約……從此不平等條約接踵而來。

歷史是人類的軌跡，凡走過必留下痕跡。在這時代潮流的大轉輪下，也同時出現許多偉人英雄來改變歷史。這一百六十年來的中國近代史，也是喪權辱國的年代，風起雲湧，「時代創造英雄」，何嘗「英雄不能創造時代」！

書中列出十一位先賢；作者作了「心態管窺」與人性分析，不管成功或失敗不能以成敗論英雄，而是人物的刻劃最能從此學習其成功或失敗的道理，也是我浩瀚中華文化的一環。雖是滄海一粟，都有我們後輩學習、體會的一面。

梅可望博士是位偉大的教育家、政治學者、警察教育之父，以九十有四的高齡，憑其寬廣的世界觀、人文心、同胞愛來描述這一百六十年來的風雲人物！自有其客觀獨到之認知與描述；曾刊載於《今日生活》歷時八年之久。希望能集結成冊以饗讀者；定必洛陽紙貴，先睹為快，樂為之序。

謝孟雄

實踐大學董事長

人類一部歷史，都是歷代聖賢豪雄演出的紀錄！

他們精采的演出，刻劃出他們感情的流露。成王、敗寇，無非是感情的發洩。但是他們的感情世界有幾個人去關心？作者試圖在華夏的歷史長河中，探索指標性人物的心態以及他們的心態對他們的事功所產生的影響。當然，這是一個很艱難的命題！每個時代人物的感情，誰能夠做最精確的認定呢？但是，只要拿他的言行、事實去研討，應該可以看出一個正確的輪廓。

中華民族近一百六十年來，是最艱險的時代！今天海峽兩岸的中國人正在創造輝煌的歷史，我列舉十一位先賢作為研究的對象，應有助每一位中國人對自己國族的認識和瞭解。

中華民族是全世界歷史最悠久，品質最卓越的民族。從十九世紀到二十世紀，一百六十年來，飽受欺凌和打擊。但中華民族在歷代指標人物的帶領下，終於站起來了！甚至，二十一世紀可能成為「中國人的世紀」！先賢們建立的典範和他們的心態，值得我們去瞭解乃至引以為典範！或引以為戒！

本書列舉的十一位先賢，作者對他們都作了「心態的管窺」，然乎？否乎？請讀者自己去判斷。一句話：關心自己的歷史，品評指標人物，是一種難得的享受和快樂。

最後，我要特別感謝實踐大學，特別是謝孟雄董事長給我的鼓勵和指導。

梅可望 序於台灣發展研究院

民國100年中秋節、時年九十有四

目　次

　古今人物的感情世界——華夏一百六十年指標人物心態管窺

文章、詩詞、對聯

民國七十七年一月三十日上午，蔣故總統經國先生的公祭在圓山忠烈祠舉行。我以國民黨中央委員的身分奉邀參加大典。因為到場較早，招待人員請我坐在較前排的座位上，乃有機會把掛在靈堂前的一些輓聯看得相當清晰。在正門前懸掛著李登輝總統的一副輓聯，令我相當感動：

　　　厚澤豈能忘，四十年汗盡血枯，注斯土斯民始有今日；
　　　遺言猶在耳，億萬人水深火熱，誓一心一德早復中原。

輓聯的精義在「述事、繼志」，李總統這副聯語，可說恰到好處，很富感情，也很符合兩人當年上下交融的身分。這樣好的輓聯是極不多見的；我想一定是出自名家的手筆，獲得李總統授意後寫出來的。正思索間，曾任東海大學中文系主任、文學院院長，時任中央黨部副祕書長的蕭繼宗教授進入會場，坐在我身旁。我靈機一動，想起蕭先生的文學、詩才，他的詩詞、對聯做得極好，朋友間無不欽佩。他是黨的副祕書長，替黨主席構思一副輓聯，應該再自然不過了。於是我脫口而出：「繼宗兄，李總統的這副輓聯，你做得真好！」他似乎頗為吃驚，「你怎麼知道的？」他問。「今天在整個台灣，能做出這樣感動的對聯的，除了老兄以外，還有第二人嗎？」我說。他聽了哈哈一笑，「你老兄真有眼光啊！」事隔十多年，繼宗兄業已作古，對這副動人的聯語，我仍然不能忘懷。
　　對聯有人視之為「雕蟲小技」，不能登文學的殿堂。其實對聯和文章、詩詞具有同樣的功能，是表達感情、抱負、志氣和心性的最佳形式。一副精闢的對聯，正如一篇好文章、一首好詩詞一般，可以感人肺腑，千古流傳！

試看滿清名將左文襄公（宗棠）輓他的老上司、老戰友曾文正公的一聯：

知人之明，謀國之忠，自愧不如元輔；
同心若金，攻錯若石，相期無負平生。

其中感情多麼豐富，道盡了兩人的情誼，和對死者無限的敬仰與追思。好對聯、好輓聯，正同好文章一樣，令人低迴循誦，百讀不厭。

從對聯中可以看出一個人的感情，對聯如此，文章和詩詞也當然如此。我相信很多人都熟讀過諸葛亮的〈前出師表〉，這篇傳誦千古的短文，感人之深，近兩千年來罕有其匹！為什麼？其中迸發了他和劉先帝之間生死不渝的情感，試讀其中的幾句話：

先帝不以臣卑鄙，猥自枉屈，三顧臣於草廬之中，諮臣以當世之事，由是感激，遂許先帝以驅馳。

其實諸葛亮之「感激」，還不止於「三顧」。且看陳壽在《三國志》中對劉備（先帝）在白帝城「託孤」的那一幕。

君才十倍曹丕，……。若嗣子（指其子後主劉禪）可輔，則輔之；如其不才，君可自為成都之王。

一個病重的皇帝，願意把帝位交給一位老臣，在那個「父傳子」的時代，這種君臣情誼是不能想像的！諸葛亮得此知己且無條件信任的長官，其心中的激動當然是不可言宣的，因此他在〈前出師表〉強調：

受命以來，夙夜匪懈，恐託付不善，有傷先帝之明。

讀〈前出師表〉全文，稍有良心血性的人，一定會被諸葛亮的忠心義膽

深深感動。所以前人有言：讀〈前出師表〉而不流淚者，不忠！文章的力量二千年後仍不稍減，真是了不起！

　　文章之外，詩的力量也是極其宏大。感情豐富的詩極多，但試舉唐人元稹的〈遣悲懷〉詩三首，的確使讀者萬分感動：

> 謝公最小偏憐女，自嫁黔婁百事乖。
> 顧我無衣搜藎篋，泥他沽酒拔金釵。
> 野蔬充膳甘長藿，落葉添薪仰古槐。
> 今日俸錢過十萬，與君營奠復營齋。
>
> 昔日戲言身後事，今朝都到眼前來。
> 衣裳已施行看盡，針線猶存未忍開。
> 尚想舊情憐婢僕，也曾因夢送錢財。
> 誠知此恨人人有，貧賤夫妻百事哀。
>
> 閒坐悲君亦自悲，百年都是幾多時？
> 鄧攸無子尋知命，潘岳悼亡猶費詞。
> 同穴窅冥何所望，他生緣會更難期。
> 唯將終夜長開眼，報答平生未展眉。

「野蔬充膳，落葉添薪」，「同穴窅冥，他生難期」，「貧賤夫妻百事哀」，都是千古絕唱，令讀者同聲一哭！

　　這篇短文所舉的都是生死之交，至情至性的詩文和聯語。古人有言：一生一死，乃見交情；一死一生，交情乃見。從李總統的輓聯到唐、清兩代人物的詩詞、對聯，我們得以管窺古今人物的感情世界。人孰無情，能夠以最感人的形式與內容表露出來，才是最重要的。

詩章動朝野、鑠古今

在我初中時期，民國二十年（一九三一），中華民國發生了一件震驚世界的大事，那就是「九一八事變」；日本帝國主義者，無恥地侵略我國東北，占領了瀋陽，激起了全國人民的憤怒，為未來的八年抗日戰爭，種下了「最後勝利」的種子。那時候東北的最高軍政長官，是以「少帥」知名的張學良上將。九一八的前夕，張將軍住在北京（那時名「北平」）而非親在瀋陽駐守。謠傳他於日軍攻陷瀋陽之夜，正在北京著名的「六國飯店」和當年的電影皇后胡蝶小姐熱舞。此消息一經傳播，時任廣西大學校長的馬君武先生（曾任國父孫中山先生的機要祕書），很激越的做了兩首「七絕」，見諸報端，立刻傳遍全國，震動朝野；連我這個讀初中的「小蘿蔔頭」到今天還能背誦。這兩首詩如下：

▲ 胡蝶

▲ 張學良

　　趙四風流朱五狂，翩翩胡蝶正當行；
　　溫柔鄉是英雄塚，哪管東師入瀋陽。

　　告急軍書夜半來，開場弦管又相催；
　　瀋陽已陷休回顧，更抱阿嬌舞幾回。

由於這兩首絕句的廣泛流傳，張學良先生被輿論扣上了「不抵抗將軍」的帽子，多年未能平反。一直到了三、四十年後，張先生在回憶錄中指

出，他當時因病住在醫院，絕對沒有到「六國飯店」跳舞；另位主角胡蝶女士，也聲明當時她根本不在北京，怎可能與張將軍跳舞呢？這件歷史公案，各方論證的文章極多，不在本文討論範圍之內。這裡所要說明的只是一首詩的力量，真是一首好詩或一篇好文，往往可震鑠古今，傳誦後世！

從清末到民初，震動朝野的詩篇不在少數。隨手拾來幾個例子：

> 慷慨歌燕市，從容作楚囚；
> 引刀成一快，不負少年頭。

這是汪精衛二十多歲時謀刺攝政王，被捕後所作的「絕命詩」，立刻傳誦朝野。掌權的隆裕太后看到後大受感動，覺得汪是一個血性青年，免了他的死罪。汪雖於三十年後，歸附日本侵略者，被目為「頭號漢奸」，被政府通緝。但他這首詩的確是慷慨激昂，充分表現了青年革命者的激情，動人心弦！我們倒是不可以「因人廢言」。

清代另一首動朝野、鑠古今的「絕命詩」，則出自湖南革命家譚嗣同先生之手：

▲ 汪精衛

> 望門投止思張儉，忍死須臾待杜根。
> 我自橫刀向天笑，去留肝膽兩崑崙。

譚嗣同是「戊戌政變」死難六君子之一。他這首「七絕」，百年以來，常成歷史學家討論的課題；例如，詩中所指「兩崑崙」是誰？有人認為是當時的兩位武林大師──「大刀王五」和「大力士霍元甲」，但到現代似仍無定論。而這首詩流傳之廣，感人之深，絕不在汪詩之下。

絕命詩固足感人，豪情壯志的詩篇百年來傳誦不衰的也所在多有；試舉下面的兩首：其一：清代

▲ 譚嗣同

名將彭玉麟自太平軍手中奪回長江中心軍事重鎮「小孤山」後，成一首「七絕」：

書生笑率戰船來，江上旌旗耀日開；

十萬貔貅齊奏凱，彭郎奪得小姑回。

真是個「談笑用兵，從容克敵」，其瀟灑風流，前無古人，故傳誦朝野，百餘年後仍引為美談。甚至有人把「彭郎奪得小孤回」一句，來解釋彭剛直公如何終身不娶，因為他留在家鄉的痴心女友「梅姑」，誤以為他娶了「小姑」，由此憂鬱而死，剛直公晚年便只得「漫寫梅花十萬枝」，來報答這位紅粉知己於地下了。然乎？否乎？只是茶餘飯後的「談料」罷了。

至於另一首豪壯的「七絕」則出自清代名將楊昌濬的手筆，那就是〈恭誦左公西行甘棠〉那一首：

大將籌邊尚未還，湖湘子弟滿天山；

新栽楊柳三千里，引得春風度玉關。

這首詩傳誦極廣，除了它寫實的豪情以外，同時也反駁了千年以前唐代王之煥〈出塞〉一首中的兩句：「羌笛何須怨楊柳，春風不度玉門關。」事在人為，左文襄公（宗棠，字季高）因左公柳栽植和新疆領土的收復而垂名千古。這首詩也就流傳不衰了。

詩詞、文章、對聯都是很具感性的作品；從上面這幾首詩，不難體會作者們的感情世界。因為這些詩章裡面的情感激越、忠實、可激賞、可詠嘆，乃能傳誦朝野，震鑠古今！

中國歷史悠久，數十個長短朝代，國家領導人，包括帝王一百多人，以詩詞文章見長者寥寥可數。但其中的確有若干感性之作流傳後世。其中最膾炙人口的，首推近代以「偉大的舵手」聞名世界的毛澤東主席那首〈沁園春〉：

> ……江山如此多嬌，引無數英雄競折腰。惜秦皇漢武，略輸文采；唐宗宋祖，稍遜風騷。一代天驕，成吉思汗，只識彎弓射大鵰。俱往矣，數風流人物，還看今朝。

據傳這是毛先生在一九四九年大敗國民黨後，視察東北，搭飛機回北京，在機上所作。那時他正是躊躇滿志、意氣風發的時候，上下數千

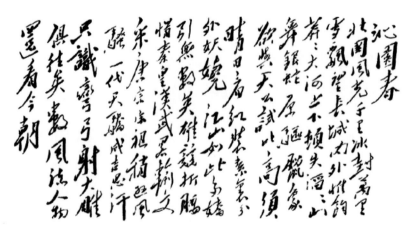

▲ 沁園春

年、古今英雄豪傑全不放在眼中，真是頂尖的「風流」人物，整個的「多嬌」江山都已在掌握之中。何等氣概！（另一說，該首詞是作於延安時代）他萬萬想不到太「風流」的結果，「大躍進」、「人民公社」和「文化大革命」二十年的暴政，把整個中國搞得「一窮二白」「民窮財盡」，一旦命喪黃泉，連自己的妻子都被老幹部們判處死刑，落得自盡獄中，為天下笑。可說是「萬事一場空」。

早毛澤東兩千年的梟雄曹孟德（操），雖然沒能一統天下，卻也稱得是三國時代的霸主，就要收斂得多了。他傳誦一時的〈短歌行〉內的幾段，充分表露他對人生的情感和他的心胸：

> 對酒當歌，人生幾何？譬如朝露，去日苦多。
> ……青青子衿，悠悠我心。但為君故，沉吟至今。
> ……山不厭高，海不厭深。周公吐哺，天下歸心。

其中除「周公吐哺，天下歸心」兩句有政治雄心以外，其餘都是真感情的流露。曹阿瞞還不失是性情中人。

▲ 毛澤東寫書法

與毛舵手的詞略微接近的要算太平天國的「天王」洪秀全的〈吟劍詩〉：

> 手持三尺定山河，四海為家共飲和。
> 擒盡妖邪掃地網，收殘奸宄落天羅。
> 東西南北敦皇極，日月星辰奏凱歌。
> 虎嘯龍吟光世界，太平一統樂如何。

他的「東西南北敦皇極，日月星辰奏凱歌」也很有不可一世，捨我其誰的氣概！可惜「天京」初定，便發動了慘烈的內鬥，自相殘殺，終至慘遭敗亡，其結局要比毛主席差多了！

一代革命宗師孫中山先生所作的詩很少，較為流傳的有他〈挽劉道一〉一首七絕：

> 半壁東南三楚雄，劉郎死去霸圖空。
> 尚餘遺業艱難甚，誰與斯人慷慨同！
> 塞上秋風悲戰馬，神州落日泣哀鴻。
> 幾時痛飲黃龍酒，橫攬江流一奠公。

從他的詩中看出他悲天憫人的心志和憂國憂民的愛心。孫中山與毛澤東是具有完全不同的風格的！

講到古代帝王霸主的詩篇，則首推項羽和劉邦詩詞的對比：項羽的〈垓下歌〉，悲壯、悽麗，後世同傷：

> 力拔山兮氣蓋世，時不利兮騅不逝。
> 騅不逝兮可奈何？虞兮虞兮奈若何！

英雄氣短，兒女情長，「項霸王」是一條響噹噹的漢子，固不應以成敗論英雄也。

劉邦於霸業成功以後，他回到故鄉沛縣，邀請父老故人飲宴，一時感慨萬千，作聞名後世的〈大風歌〉，在座的一百二十名子弟伴唱，劉邦深受感動，「慷慨傷懷，泣數行下。」歌詞是這樣的：

　　大風起兮雲飛揚，威加海內兮歸故鄉。安得猛士兮守四方。

充分表露他得勝後衣錦回鄉的喜悅，也表露對國家前途的關懷，沒有霸氣而有士氣，稱得是一首「帝王規格」的好作品。

　　等到他的孫輩，毛主席認為他「略輸文采」的漢武帝所作的〈秋風詞〉，卻完全是「文學作品」，沒有一點點的霸氣，只是感事傷懷，有迴腸蕩氣之功，無「君臨天下」之氣，倒是頗出人意表的。〈秋風詞〉的名句如下：

　　蘭有秀兮菊有芳，懷佳人兮不能忘。
　　……
　　歡樂極兮哀情多。少壯幾時兮奈老何！

　　以上所舉的幾位中國歷史上的重要人物，他們所作的詩歌，無不充滿了感情；從他們的作品中可以看出他們的獨特個性，甚至他們的命運和歸宿，文學作品的動人心弦之處，往往如此。

中國有四大名樓：即山西永濟、黃河岸邊的「鸛雀樓」，江西鄱陽湖邊的「滕王閣」，湖北武昌、長江邊的「黃鶴樓」和湖南岳陽、洞庭湖邊的「岳陽樓」。這四大名樓由於所處的地理位置不同，它們所得到的「眷顧」也就大異其趣。其中以黃鶴樓處於長江要道，岳陽樓位於三湘水陸重鎮岳陽，受到政治人物以及詩人墨客的青睞最多。至於南昌附近的滕王閣，畢竟離交通要道稍遠，比起黃鶴、岳陽兩樓，在文學的吟詠方面略遜一籌。而僻處山西的鸛雀樓，能千古流傳的只有唐代詩人王之渙〈登鸛雀樓〉的那一首「五絕」：

白日依山盡，黃河入海流。
欲窮千里目，更上一層樓。

據傳該樓原有三層，千餘年來屢遭毀損，現已破敗不堪；近年山西當局正準備重建中。該樓前可仰望高聳的「中條山」，下可俯瞰滔滔的黃河，風景絕佳。王之渙當年登臨時，「更上一層樓」，應是寫實。但後人因「窮千里目，更上層樓」的意境，涉及人生種種遐想，而成歷久彌新的名句。作者王之渙雖只做過「主簿」、「縣尉」之類的小官，但他旅遊甚廣，有「邊塞詩人」之譽。鸛雀樓如果沒有王之渙的這首詩，恐怕很難列入四大名樓之一；同時，王之渙如果沒有詠鸛雀樓的詩，也可能沒沒無聞。「人以樓傳、樓以人傳」，可謂相得益彰。

「滕王閣」就要幸運得多了。唐初神童王勃一篇〈滕王閣序〉，傳誦千餘年而不衰。作者中學時代遇有心情抑鬱，便去朗誦〈滕

王閣序〉，立刻覺得心境開朗，意氣風發；下面幾節文字，的確令人激賞：

> 襟三江而帶五湖，控蠻荊而引甌越。物華天寶……人傑地靈……。落霞與孤鶩齊飛，秋水共長天一色。漁舟唱晚……雁陣驚寒……。

讀了該文便覺如親登高閣，把酒臨風，壯麗江山，美好湖景，有無限的豪情與陶醉。等到讀到為全文作結論的那首七律的後四句：

> 閑雲潭影日悠悠，物換星移幾度秋。
> 閣中帝子今何在？檻外長江空自流。

又覺得人生如夢，不如歸去！十四歲的王勃，居然有此襟懷，不愧為神童，難怪造物弄人，他在二十六歲的青年時期，便已「玉樓赴召」了，真是令人慨嘆！

滕王閣因王勃的一篇序文而高列四大名樓之一，而王勃也因當作了這篇序，名列初唐詩人「四傑」之一。名樓、名文、名人，互映生輝，千古不衰！

武昌長江邊的「黃鶴樓」，名聲似乎更加響亮，因為唐代的兩位傑出詩人，都為它留下了炫亮的詩篇，第一首是盛唐時期傑出詩人崔顥所作〈黃鶴樓〉一首七律：

> 昔人已乘黃鶴去，此地空餘黃鶴樓。
> 黃鶴一去不復返，白雲千載空悠悠。
> 晴川歷歷漢陽樹，芳草萋萋鸚鵡洲。
> 日暮鄉關何處是，煙波江上使人愁。

這首據說曾被「詩仙」李白讚賞過的名詩（事見《唐才子傳》），真可說是千古絕唱：有寫景、有抒情、有時空的落寞、有人生的無奈。

難怪宋代名詩人嚴羽譽之為唐人律詩中「壓卷」之作（見《滄浪詩話》）。

至於另一首則出自「詩仙」李太白自己的手筆。他那首〈黃鶴樓送孟浩然之廣陵〉：

> 故人西辭黃鶴樓，煙花三月下揚州。
> 孤帆遠影碧空盡，惟見長江天際流。

也是意境悠遠，充滿了感情和離別之意。想當年他和同享盛名的詩人孟浩然，在黃鶴高樓，把酒話別，居高臨下，縱覽長江景色，想起好友即將一舟東去，兩人吟詩唱和，是何等的風流雅事！千餘年後讀之，仍覺兩位大詩人感情的濃郁和情感的豪放！

因此，有人遊武昌必登黃鶴樓，作者自是其中之一。不過後人能如孟、李兩位詩人臨樓賦詩，傳為千古佳話者則尚未得見。有之或可推清代中興名臣張之洞的那副〈登黃鶴樓〉對聯：

> 江漢美中興，願諸君努力匡時，莫但賞樓頭風月；
> 輶軒訪文獻，記早歲放懷縱目，曾飽看春暮煙花。

作者第一次登黃鶴樓是一九三八年春天，從湖南赴重慶就學途中，路經漢口，渡漢江至武昌登樓遠眺。那時的黃鶴樓因屢經兵禍，已無中國式的樓台之美，極其破敗，但站在建樓的小山上，下瞰長江，遠觀漢陽，仍有臨空御風的快感。四十四年後（一九八二），作者重履舊地，黃鶴樓已由中共當局重建，樓高五層，極其美麗壯觀。爬上最高層；江山如畫，不僅有李白「惟見長江天際流」的壯懷，也興起了崔顥「白雲千載空悠悠」的感慨。黃鶴樓之為中國名樓之一，是名不虛傳的！

岳陽樓是作者最熟悉的一處名勝，因為作者初中就讀於岳陽縣的湖濱中學，距該樓只有一小時的路程，每逢週末，邀三五同學，登上岳陽

樓頭，看那浩浩蕩蕩，一望無際的洞庭湖，朗誦杜工部〈登岳陽樓〉中的名句：

> 吳楚東南坼，乾坤日夜浮。
> 戎馬關山北，憑軒涕泗流。

或者泛舟湖上，波濤壯闊，水天一色，漁歌陣陣，釣者成群，想起孟浩然的真實的描寫：（孟浩然的〈臨洞庭湖上張丞相〉一首）其中的佳句：

> 氣蒸雲夢澤，波撼岳陽城。
> 坐觀垂釣者，徒有羨魚情。

真有以宇宙為家，以漁樵為樂的心意。名湖、名樓對任何年齡的人都有一種不同的啟發。杜甫與孟浩然就有不同的感受，難怪數百年後，宋朝的宰相范仲淹要大興其「先憂後樂」的感慨。他的那篇〈岳陽樓記〉，不僅把洞庭湖上的陰雨晦明、萬頃煙波，寫得淋漓盡致，而且勉世人要「先天下之憂而憂，後天下之樂而樂」，真不失為儒學的宗匠，社稷的重鎮，面臨勝景，心在眾民，他的情操，千古鮮有！

岳陽樓的名氣，連僧道也要插上一腳；相傳酒仙呂洞賓曾遊該樓。可能是湖南人的宗教氣味不夠濃厚，居然不認得這位「八仙」之一的呂純陽。於是他一氣之下，大步離去。第一腳竟然跨在湖中心「君山」之頂，那兒到現在還留有呂神仙一尺多長的腳印呢（顯然他是沒穿鞋子的）！而他的兩句詩也就在市井流傳不衰了：

> 三醉岳陽人不識，
> 朗吟飛過洞庭湖。

范仲淹和呂洞賓的故事，使文風很重的湖南人，湊成了一副膾炙人口的對聯：

呂道人太無聊，八百里洞庭，飛過去，飛過來，
一個神仙誰在眼；
范秀才亦多事，數十年光景，甚麼先，甚麼後，
萬家憂樂獨關心。

作者於一九九四年秋重遊舊地，岳陽樓巍然屹立，雕梁畫棟，在「文革」浩劫中，未受太大的破壞，實屬萬幸。但八百里洞庭則因農民與湖爭地，面積縮小了三分之一，已經不能「波撼岳陽城」了。至於樓的本身，只有一點重要的改變，那就是：原來的三樓，陳列了呂洞賓的飲酒臥像，栩栩如生，非常感人，是遊客必到之處。現在呂像則已不知移往何處，三樓大廳的玻璃櫥內，供奉了毛主席的一副「墨寶」，是他那具有特色的「狂草」，書寫著杜甫〈登岳陽樓〉的那首詩。可惜因「主席」乘「專特」火車過岳陽時，不知是心不在焉，還是出於故意，居然寫掉了一個字，即該詩第五句「親朋無一字」中的「一」字；只好讀成「親朋無字」了，當然也可以勉強帶過。「偉大的舵手」寫掉個把字，又算得甚麼？或者這也是岳陽樓流傳的另一佳話吧！

　　鸛雀、滕王、黃鶴、岳陽四大名樓，由於唐、宋兩代政治人物和詩人們的「眷顧」，表露出不同情感和風貌，名樓因名人而氣象萬千，名人因名樓而流傳後世。互相支援，相得益彰，使千百年下，人人都想「到此一遊」。

「刺客」的心情

阿扁總統於民國九十三年三月十九日下午遭槍擊，不僅大大地影響了選情，也掀起國內外質疑的滔天巨浪！時過半年「刺客」是誰？毫無線索。國際刑事鑑識權威，我的嫡系學生李昌鈺博士應主辦單位的堅邀來台灣檢視各項物證後，發表了兩句令人深思的談話：

　　（一）此案不是「政治謀殺」；（二）阿扁所受的是「槍傷」。所謂「政治謀殺」（Political Assasination）一定是「刺客」（Assasin）所為。而「槍傷」則出自「槍手」（Gunman）。刺客與槍手其身分是大大不同的！刺客是光天化日，公開行刺；槍手則鬼鬼祟祟，躲在暗處開槍。兩者的地位有天淵之別。

一、「殉義」的刺客

　　中國傳統文化對「刺客」有很高的評價。漢代大歷史學家——太史公司馬遷特別在他曠世名著《史記》中為春秋戰國時代的五位刺客作傳，定名〈列傳〉；其位階與大政治家管仲、商鞅以及孔門弟子諸賢相等，可見那時刺客在一般人心目中的崇高地位。這五位大刺客的故事也的確令人感動！他們是：（依《史記》的順序）

　　第一位，魯國人曹沫：有勇力，魯莊公命他為將，與齊國三次作戰都敗北，魯國獻「遂邑」之地求和。曹沫自然大失顏面，亟思有所報復。未久，齊桓公與魯莊公會盟於柯城（今之祝柯縣），曹沫隨行。兩國國君站在會盟壇上，曹沫忽然衝上壇去，拿出比首抵住齊桓公的要害，大聲說：「齊強魯弱，侵占了我們很多土地，齊國必須歸還我們的國土，不然，我就不客氣了！」齊桓公被迫不得已，只好口頭同意。曹沫便丟掉比首，回到壇下。桓公受此脅迫，怒氣衝天，想收回諾言。他

的宰相管仲在場，認為齊為天下盟主，不可當眾食言。桓公便歸還了所有侵占魯國的土地。曹沫此一驚人的行刺動作，在列國傳為美談。

第二位，吳國人專諸：他的故事比曹沫的曲折一些。專諸是著名的勇士，受知於吳國的王子「公子光」，為了與族兄吳王僚爭王位，專諸受命殺王僚，但王僚防備極嚴，於是公子光設「鴻門宴」，請專諸扮廚師，藏匕首於魚腹中。專諸捧魚至席間，王僚不察。專諸剖魚取刃刺死王僚，被王僚的隨扈殺死，這是一件有名的行刺案件，京劇中的《魚藏劍》就是取材於此。公子光的伏兵盡起，擊殺王僚的隨扈，進而自立為王，是為有名的吳王闔閭。封專諸之子為上卿。

第三位，趙國人豫讓：豫讓是一位有情有義的勇士，受知於趙國的大臣智伯。智伯和重臣趙襄子爭權，智伯失敗被殺，襄子砍他的頭作為酒器，豫讓引為奇恥大辱，決定報仇！他說了一句留傳後世的話：「士為知己者死，女為悅己者容。」他說他必為報仇而死，否則「魂魄有愧」！

趙襄子防備他很嚴，於是他變姓改名，三次行刺，雖「漆身為厲，吞炭為啞」都沒成功！趙襄子對他如此堅決犧牲，親自審問他，為什麼？豫讓又說了一句千古名言：「范氏、中行氏皆眾人待我，我故眾人報之。至於智伯國士待我，我故國士報之。」

豫讓以國士自恃，決心一死以報效故主，趙襄子三次都原諒了他，但豫讓死意非常堅決，請求趙襄子成全他為故人盡義的心志，只求在襄子的衣服上砍三刀便自殺。《史記》上說：「襄子大義之，乃使持衣與豫讓，豫讓三躍而擊之，遂伏劍自殺。趙國志士聞之，皆為涕泣。」

第四位，韓國人聶政：是著名的俠士，因殺人避禍於齊，隱姓埋名，以屠為業。韓國重臣韓仲子，與該國宰相俠累有仇，怕俠累殺他，也逃到齊國。聞聶政俠名，重金厚禮折節相交。聶政是個孝子，老母尚在，他不接受仲子的任何餽贈，卻特別珍惜兩人的情誼。母死後，他慨然允為仲子報仇。於是仗劍獨身返韓，衝入俠累的府寓，刺死俠累。

在眾隨衛包圍之下，《史記》載：「聶政大呼，所擊殺者數十人，因自皮而決眼，自屠出腸，遂以死。」為了朋友，他真是以身殉義，毫無反顧！

因為他毀容後自殺，又長年住在齊國，韓國人不知這位刺客是誰。韓王於是將聶政「暴屍於市」，並懸賞千金給認屍者，久久無人應徵。於是俠累為誰所刺？成為懸案，與槍擊阿扁不知槍手是誰，略有相似之處。

聶政有姊名榮，在遠地聽說了這樁奇案。因她知道聶政當年和仲子有深交，又知道仲子和俠累有仇，猜想刺俠累者極可能是她的弟弟。於是她親往陳屍現場，一看之下果然是她弟弟。乃公開認屍，「大呼者三，卒於邑，悲哀而死於政之旁！」「晉、楚、齊、魏聞之，皆曰：非獨政能也，乃其姊亦烈女也。」有其弟、有其姊，聶政姊弟得以不朽！

聶政之後又有荊軻刺秦王的壯舉；荊軻在刺客中的位階更在上列四人之上，當另為文記其事。綜結以上五位刺客的動人事蹟，太史公司馬遷作了如下的歸納：

「自曹沫至荊軻五人，此其『義』，或成或不成，然其立意較然，不欺其志，名垂後世！」（註：較者明也。）

春秋戰國時代的刺客，都是在公開場合，挺身而出，奮力一搏。秉持「士為知己者死」的高義，轟轟烈烈，慷慨犧牲，真是「只見一義，不見生死！」，留名萬世。孟子「捨身取義」的主張，應與這幾位「殉義」的大刺客有關。太史公把刺客們的位階提高到卿相的層次，是有他的價值標準的。

二、「護國」的刺客

中國歷史上以愛自己國家而捨身行刺的有荊軻和曹沫。但最值得世人稱道的卻是兩位近代的韓國志士。他們居然能在異國土地上，公開擊殺韓國（那時韓國名朝鮮）的仇人，震動了整個亞洲人心，值得一述。他們是安重根和尹奉吉。

第一位，安重根義士：我小學時代就在教科書上讀到安重根義士刺殺日本首相伊藤博文的壯烈故事。一九七五年我奉派漢城擔任「亞洲文社中心」的執行長，立即到南山公園安烈士的紀念館去憑弔這位曠世英

雄！他的史蹟和他的詩詞都令我感動得流淚。他在亞洲、甚至在全人類的歷史上都稱得上是一位偉大的人物，值得千年萬世後人景仰！

　　安重根出生於一八七九年韓國黃海道一個書香家庭，父親中過進士，他幼時受過九年嚴格教忠、教孝的儒家教育，以後又精於馬術和射擊，是一位文武雙全的青年。其後加入天主教，接受西方思想，對國家熱愛，亟思有所報國。那時代的朝鮮王朝內政不修，而日本的侵略卻日益加深。他想辦教育培養人才救國，興辦過學校。1904年日本在中國東北戰勝了俄羅斯，對韓國侵略更為加緊。次年日本迫使韓國政府簽訂「乙巳保護條約」，使韓國淪為日本的保護國。安義士覺得用教育已來不及救國家，於是遠走中國，號召旅居中國東三省及華北的韓國同胞（在東北韓僑有數十萬人），組織義勇軍，想用武力對抗日本的侵略，去挽救自己的國家。

▲ 安重根

　　一九〇八年七月安義士率領義軍三百多人從中國東北進入祖國，在十二天內和日軍五千多名交戰三十多次。眾寡懸殊，義軍失敗，安義士僅以身免。但他毫不氣餒，在中國約集志士十一人，各人用刀割斷自己的無名指歃血為盟，是為著名的「斷指同盟」。（韓國人近半世紀常以「斷指」表示嚴正的抗議，可能與安志士當年的「斷指結盟」有關。）一致決心對日本侵略者報仇，那是一九〇九年的事。

　　恰好那年十月，報紙登載：日本首相伊藤博文要到中國東北哈爾濱，與從

▲ 伊藤博文

俄國來的大藏大臣（財政部長）可可夫切夫會談。伊藤是日本明治維新的首腦人物，更是侵略韓國和中國的真正策劃者。日本首次派駐韓國的總督就是伊藤。當然安志士等人恨他入骨！覺得伊藤離開東京的巢穴，來到中國的哈爾濱，真是天賜良機，是刺殺他的最好機會！於是安志士等便集中哈市籌劃擊殺伊藤的壯舉。

經過縝密的計畫，一九〇九年十月二十五日，安志士等已一切準備就緒，決心慷慨成仁，作雷霆萬鈞一擊，報國家的公仇！伊藤抵達哈爾濱火車站的前夕，安志士作了一首傳誦後世的〈丈夫歌〉：

> 丈夫處世兮，其志大矣。時造英雄兮，英雄造時。
> 雄視天下兮，何日成業。東風漸寒兮，壯士義熱。
> 憤慨一去兮，必成目的。鼠竊伊藤兮，豈肯比命。
> 豈度至此兮，事勢固然。同胞同胞兮，速成大業。
> 萬歲萬歲兮，大韓獨立。萬歲萬歲兮，大韓同胞。

他的壯志凌雲，決心犧牲，熱愛國家和同胞，極令人感動和敬佩！

一九〇九年十月二十六日上午九時，伊藤的專車抵達哈爾濱火車站，安志士早已混在歡迎的人叢中等候。當伊藤和可可夫切夫一同檢閱歡迎的儀隊後，安志士就衝出去對伊藤連發三槍，都命中伊藤的胸部和腹部，立即倒地，血流如注，當場死亡！安烈士餘恨未息，對在場的日本官員再開三槍，日本駐哈爾濱總領事川上以及祕書二人相繼被槍殺！擔任警戒的俄國士兵多人撲向安志士，他沒有抵抗，大呼三聲「朝鮮萬歲」後從容被捕。

伊藤被刺死，日本舉國震驚，各大報均出號外。中國對他的壯舉也極其敬佩。據說在清廷當權的袁世凱曾賦詩一首表示崇敬：

> 平生營事至今畢，死地圖生非丈夫。
> 身在三韓名萬國，生無百歲死千秋。

安志士在行刺前就擬就了伊藤「十五條罪狀」，被捕後由他的同志向社會公布，痛斥伊藤對韓國的不義行徑。因他是在外國的領土上犯罪，受到國際法的一些保障。但俄國怕得罪日本，就在逮捕現場將安烈士交給日本總領館看管，被囚禁在領館的地下室，後移旅順監獄。從十一月三日起到次年二月，安志士受了多次審訊，卻礙於安志士的聲名，國際的關注，英國和俄國都有律師列庭上聽審，他乃能未受到酷刑與體罰，得以慷慨激昂、一再訴說伊藤的十五大罪狀作為行刺的辯護，聽者無不動容！

一九一〇年二月十日安烈士在哈爾濱法院聽候裁決。在庭上安烈士一再強調為「韓國獨立」刺殺伊藤，旁聽席有三百人，包括漢城來的著名人士和安烈士的母親，以及很多新聞記者，號稱「世紀大審」。當地輿論雖一面倒向安重根，但主審者是日本法官，在日本政府的強大壓力下，安烈士被判死刑！日本輿論也有支持安重根的，很多方面關心者都籲請安志士上訴，要他請求減免死刑；但安志士嚴正拒絕上訴，決心一死以報國家！他說：他已達到發揚民族正氣的目標，死而無憾！最難得的是他的親生母親對他不上訴的舉動予以獎勉。日本最大報紙《朝日新聞》大幅報導此舉，說：「有其母必有其子」表示敬佩。

一九一〇年三月二十六日上午十時安義士在旅順監獄被處絞刑。刑前安義士留下了下面的遺言：

> 我到天國仍會為國家的獨立而努力。當大韓獨立的呼聲傳到天國時，我會歡呼，高唱萬歲。

安重根先生求仁得仁，以護衛國家的獨立、民族的尊嚴為人生的唯一目標。石破天驚，刺死國族大仇伊藤博文，名垂青史。對後世仁人志士有重大的啟發作用，真是韓國忠魂，亞洲人的驕傲！

第二位，尹奉吉義士：安烈士殉國後二十二年有尹奉吉義士繼續安烈士的壯舉，在中國上海舉義，炸死在上海耀武揚威、日本軍閥的代表陸軍上將白川義則；同時受重傷的有野村海軍中將和重光葵公使等要員。同樣是驚天動地的一擊，垂名萬世！

尹義士生於一九○八年，系出名門。那時日本早已統治韓國，尹家具反日精神，拒絕接受日本教育，自幼即學習漢語，讀四書五經，與安烈士同樣具有忠孝節義的情操。一九三○年，僅二十三歲，即決定獻身祖國的獨立運動：在家中只留下七個字：「丈夫出家生不還」，便隻身離家偷渡鴨綠江進入中國。曾在青島市短暫就業，解決生活問題。第二年五月趕赴上海，參加金九先生領導的「大韓民國臨時政府」，決定殺身救國，金九對他非常器重，獎勉有加。

　　一九三一年發生「九一八」事變，日本占領中國東三省，其侵略亞洲各國的狼子野心，更為東亞人民所痛恨。次年（一九三二）日軍更變本加厲，進攻上海，是為舉世譁然的「一二八」事變。日本在中國民氣沸騰及世界輿論譴責之下，不敢長期占領上海。為顧全撤兵的面子，在上海舉辦「慶祝戰勝紀念大會」，地點在市區內的「虹口公園」。

　　尹義士在報紙上得知此事，決心趁此良機舉事。他於四月二十六日正式加入「韓人愛國團」，在金九團長面前宣誓：「抱恢復祖國獨立與自由之至誠的心，決心以韓人愛國團的一員，發誓屠殺侵略中國的敵國軍官。」

　　四月二十九日他和金九團長共進早餐，金九對他極其敬佩，勉勵有加，面交裡面裝有炸彈的飯盒與水壺，於是他進入虹口公園慶祝大會的群眾中。上午十一時四十分左右，閱兵典禮結束，日本人齊唱日本國歌，不虞有事。尹義士趁其不備衝上前去，將內藏炸彈的飯盒和水壺，丟到主席台上，瞬間台上發生驚天動地的爆炸，日本在台上的要員都應聲倒地，血肉橫飛！前述日酋等人或死或傷，尹義士殺敵以報國仇的壯志義舉，得以完成！

　　尹義士當場被捕，遭日軍酷刑毒打。五月二十五日日本軍事法庭判處他死刑，於同年十二月十九日槍決，結束他輝煌的一生，但他身後較安烈士要幸運一些：韓國獨立後，他的遺體被韓國政府由日本移回，葬在「孝昌公園」，並進敘為「建國勳章大韓民國葬」。而安義士的遺體，當時旅順的日本軍方故意隱祕其葬地，以防後世人的追念，到今天仍不知其所在，只能「魂歸祖國」了。

安尹兩位烈士，捨身取義，一心為祖國報仇，慷慨犧牲，毫不猶豫，真可謂「驚天地而泣鬼神」！他們配得上「護國的刺客」，是「韓國魂」，也是「亞洲魂」，是刺客中刺客，其仁其義，永垂不朽！

三、「徇私」「無知」「胡鬧」的刺客

刺客不一定是高貴的；有些刺客是完全為了一己之利去殺人，甚至是殺死自己的恩人、親人，真是卑鄙無比！有些刺客觀念錯誤殺了不該殺的人。更有些刺客是以莫名其妙的理由去行刺。可謂形形色色，令人感嘆！

(一)「徇私」的刺客：古今中外為了私心自用，公開殺死自己最親的長官，歐洲有布魯圖斯（Brutus）刺殺最愛護他的長官、老師朱尼・凱撒（Julius Caesar），以及韓國安全部長金載圭殺死他的同班同學、長官，提拔他最力的朴正熙總統！

1. 布魯圖斯的惡名使他遺臭萬年：原來布是羅馬大將、執政官、舉世知名朱尼・凱撒的三大弟子之一，布為了想繼承凱的事業，在一次群眾大會上，宣稱凱想做民主制度下羅馬國的皇帝，所以他非殺凱不可。他的辯詞留傳後世，就是眾所周知的：「我愛凱撒，我更愛羅馬！」

   當然，凱撒從來沒想要推翻當時崇尚民主的羅馬政權，布魯圖斯完全是誣陷之詞；於是凱的另一弟子安東尼立刻上台拆穿布的謊言。群眾明瞭真相後立刻把布處死。這精采絕倫一幕，英國大文豪莎士比亞在他名著《朱尼・凱撒》一劇中描寫得淋漓盡致，令人讀後萬分感動！

   凱撒從來沒有想到過他的愛徒布魯圖斯會刺殺他；而布是從他背後猛刺一刀，凱回頭一看居然是自己的得意門生，不禁傷心欲絕，說了一句遺言：「是你嗎？布魯圖斯！」從此以後「布魯圖斯」一辭成為「叛徒」的代名詞。他就遺臭千古了。

2. 金載圭：無獨有偶，另一位「布魯圖斯」卻在韓國出現。一九七
  ○年代韓國經濟起飛成為「亞洲四小龍」之一，朴正熙將軍擔任
  總統是很有功的。朴治國極嚴，是著名的「軍事強人」。他最倚
  重的幹部就是國家安全部長金載圭將軍。金是朴韓國軍官學校的
  同期同學，又是小同鄉。朴於軍事政變成功後，一直以金為左右
  手，情同兄弟。七○年代，我派駐韓國時，政壇朋友都說，金是
  韓國最有權勢的第二號人物，大有接班的可能。但誰能想到金會
  自己拿衝鋒槍親手把自己的老朋友、老兄弟射殺，成為韓國歷史
  上的大醜聞。

  　故事是這樣的：朴正熙總統的夫人在一次國慶大典中遭北韓
  派來的刺客槍殺。朴年僅五十歲，身體健康，當然需要女性的安
  慰。於是每過一陣子就由老同學、國安部長金載圭找些女明星來陪
  總統，習以為常。朴覺得金和他的關係親同手足，絕對不會害他，
  更不會殺他。他哪裡知道金野心勃勃，對朴久居總統之位，不肯退
  位，又聽說朴有意派他的待衛長接國安部長；於是在某方煽動之下
  （有傳CIA介入，因美國不滿朴的獨裁作風），金趁那天朴由一座
  水壩揭幕典禮回漢城，要他找女星陪同吃晚飯的時候，自己拿衝鋒
  槍在晚餐地點幹掉了自己的老友、老長官朴正熙總統！真是萬分的
  殘酷和不義！他被法庭判處絞刑，結束他罪惡的一生，成為亞洲
  的「布魯圖斯」！如果把他和安、尹兩位韓國志士相較，他雖在九
  泉，也應該羞愧而死！

(二)「無知」的刺客：中外古今「無知」的刺客非常多。所謂「無知」
  是指這些人不明是非，不辨正邪，只憑一己的好惡，公開行刺。結
  果犯了嚴重的錯誤，留下後世的罵名。其中最著名有刺殺美國林肯
  總統的約翰・布斯（John Wilkes Booth）和刺殺印度聖雄甘地的戈德
  斯（Nathuram Godse），這兩個刺客都令世人扼腕、嘆息，他們幹
  了最不該幹的事，使「刺客」一詞蒙羞！

1. 林肯被刺很具戲劇性，刺殺他的人、話劇演員約翰・布斯，反對林
  肯總統「解放黑奴」的政策，是「種族主義者」中的極端分子。在

四年南北內戰停戰協定簽訂後四天，林肯一顆沉重的心剛放下來，想到戲院去看一場話劇，布斯就是那劇場的演員。從報紙得知這個消息後，他在林肯夫婦觀戲的前一天，偷偷到總統的包廂門上挖了一個小孔，以便他屆時偷窺總統的位置。

那時代，美政府對總統的保護是很鬆弛的。總統離白宮外出時，只有華府警察局派警員一名隨護。恰好那晚隨護的警員是酒鬼。一八六五年四月十四日晚，當林肯夫婦進入華府「福特劇院」包廂後，他就到劇院對面小酒館去喝一杯。於是給刺客布斯一個大好機會。布斯從包廂的小孔中看到總統夫婦坐定後，他從容不迫打開包廂的門，從背後瞄準林肯的後腦開槍，林肯應聲倒地。兇手駕輕就熟，從包廂跳下舞台快步逃離戲院，失蹤在黑夜中。

林肯總統身受重傷，次晨即告死亡，舉國譁然！刺客是演員，又在戲院行刺，當然知道他是誰。布斯逃回他的老家。官兵前往圍捕，他躲在自家的穀倉內，被官兵亂槍射殺，以致未能將他逮捕交法院審判，追查他的動機和幕後可能的指使者。

林肯被刺，與甘迺迪總統相同，成為美國歷史上迄今未明真相的重大疑案！但布斯刺殺林肯是極大的錯誤，則為歷史學家所肯定！布斯毫無疑問是一位百分之百的「無知」（Stupid）刺客。

2. 印度聖雄甘地（Mahatma Gandhi）為了爭取祖國印度獨立、脫離大英帝國殖民地的統治，他一生以柔性的「不抵抗主義」進行抗爭，獲得勝利，成為印度的第一號民族英雄。而他不用暴力手段去革命，改用和平的方式鬥爭，更受世人崇敬，被尊為「聖雄」，真是名滿宇宙。

印度獨立後，由於人民分成兩大宗教的信徒，約百分之七十以上信奉印度教，百分之二十信奉回教，兩教的生活習慣與信仰大不相同，全印各地時時發生激烈流血衝突，於是產生了「印、回分治」的主張。一九四七年八月十五日印度在「印回分治」的情況下宣布獨立。甘地拒絕擔任政府任何職位，堅持兩大民族和平共處，受到印度教激進分子劇烈反對。

甘地在爭取獨立前後，差不多每一星期都有一定的時間到首都新德里的公園中靜坐向群眾「講道」。有一位屬激烈分子的印度教徒，過去也是甘地的擁護者，覺得甘地未能阻止「印回分治」，引起殺機。一九四八年一月三十日下午在甘地離開講道的「拉比公園」時，《印度民族報》的主編戈德斯，在觸摸甘地的腳趾表示敬意後，掏出手槍連開三槍，甘地當場死亡！甘地，一位舉世敬仰的和平主義者，竟被信徒格殺！使全印度數億人民，包括印、回兩教信徒無不傷心欲絕。這位「無知」的刺客自然受到法律制裁，被判絞刑，但他已經是後悔莫及了。

　　「無知」的刺客當然不止他兩人。近二十年中引起國際震驚的政治刺殺事件中，包括印度總理、甘地夫人（不是聖雄甘地的親人而是甘地的繼承人尼赫魯的獨生女，因嫁給一位姓甘地的律師，故名甘地夫人）和她兒子拉吉夫先後被刺殺，以及埃及總統沙特立被刺等。前者的刺客是甘地夫人的兩名隨扈；後者則是在舉行閱兵大典時，遭被校閱的軍官刺死。

▲ 林肯

　　由此可以概見刺客也不一定是仇人或敵黨的人，也很可能是自己最親、最近的人。政治人物的生命安全真是防不勝防！

　　至於一九六三年十一月二十二日喧騰全球的甘迺迪總統被刺事件，疑兇奧斯華特（Lee Harvey Oswald）因在從看守所「起解」法院途中，遭當地夜總會老闆、黑道人物魯比（Jack Ruby）當眾射殺（作者當時在美國教書，從電視上親眼看到這令人無法相信的驚人一幕），以致兇嫌未能受審，真相無從大白於世，成為美國史上另一重大懸案。刺客的問題是萬分複雜的。

▲ 甘地

(三)「胡鬧」的刺客：刺客也有「胡鬧」或「糊塗」、甘冒生命的危險去行刺嗎？不很多，卻的確有。美國青年約翰・辛克萊（John W. Hinckley）於一九八一年三月三十日下午在華府「華盛頓大飯店」前，槍擊就職才五十天的雷根總統，就是最典型的例子。他連開六槍，命中雷根一槍，打進胸部，幸及時急救，挽回一命。他的隨從被擊傷者多人，傷勢都相當嚴重。這位闖下滔天大禍的青年，是美國著名大學的在校學生。他犯案後供稱：他的女友告訴他，除非他成為國際知名的人，她絕不會嫁給他。於是他想，只有槍擊總統才會立即傳名世界，於是決心出此下策，成為階下重囚。像這樣的刺客是不是夠胡鬧？夠糊塗呢？

雷根總統身受重傷，倒不脫他「幽默」的本性。當第一夫人南茜到醫院探望他時，雷根第一句話是：「親愛的，我忘記了躲避子彈。」等到醫生要為他開刀取出子彈時，他笑著說：「希望你們都是共和黨的黨員。」（雷根屬於共和黨）幾十年來這兩句話傳為國際美談。

從上面各個故事可知：刺客——光天化日之下，公開用武器去刺殺自己想刺殺的人，可分為「衛國」、「殉義」、「徇私」、「無知」和「胡鬧」等五個層次，古今中外這五個層次的案例很多。有些人流芳千古，有些人遺臭萬年，也有些人做錯了壞事悔恨莫及！無論如何，他們都在公開的場合行之，願意為他們的行為負全責，接受當代與後世的審判或批評。在「人」的評價上還是可以及格的，因此，中國文字稱行刺者為「客」；「客」是對他人的尊稱。但「槍手」（Gunman）則不然！

四、「無恥」的槍手

槍手是躲在暗處，鬼鬼祟祟去射殺選定的對象。他們的動機極不光彩：可能是公報私仇，也可能是受人收買，更可能是地下社會的火拼；當然也可能是政治人物消除政敵的卑鄙的手段——自己不出面、派他人祕密下手，甚至事後還要表演一齣「貓哭老鼠」呢！

古往今來，槍手幹的謀殺案多到不可勝記。民國初年袁世凱為了想稱帝，派槍手先後刺殺上海都督陳英士和國會領袖宋教仁。台灣近年來更是層出不窮，如劉邦友案、陳文成案、林義雄家人案、彭婉如案以及最近阿扁總統、呂秀蓮副總統被槍擊案等等，都是槍手們的「傑作」，應該受社會大眾和輿論、甚至世人的嚴厲譴責！因為槍手們去「暗算」別人，不管被害者是誰，或其動機如何，只要是不敢光明正大出面承擔，都是應該鄙視的！痛責的！他們是無恥的！當然，如果有人是「自導自演」去取得個人的私益，那就更是「等而下之」，是無恥中的無恥了！

　　不過無恥的槍手與恐怖分子應該有所區隔。恐怖分子殺人有其公開的理由和邏輯，事後往往出面承認。雖然絕不可取，卻可獲得某種同情；而槍手卻永遠是鬼祟的行藏，見不得天日，其「心」是「可誅」的！

　　光明正大的「刺客」日益式微，而卑鄙無恥的「槍手」日見囂張，應該說是時代的墮落和悲哀！台灣槍手如此橫行，更應該徹底反省！

令人「生死相許」的
淒美愛情

愛情、偉大的愛情，人類自有文字以來就受到歌頌。其中基於種種不同的原因，阻斷了愛情的結合，不能長相廝守、永浴愛河，於是產生了許多千古傳誦的詩、詞、戲曲、小說與文章，到今天仍舊令讀者感嘆不已，甚至同聲一哭！

中國最古老、最流傳的情詩，可能是《詩經》中的〈關雎〉，「窈窕淑女，君子好求。求之不得，輾轉反側。」這幾句話，成為中國人年輕時期追求異性的口頭禪。實際的故事有漢代文學家司馬相如和美女卓文君之間的「琴挑」、「結合」與「分飛」；他們之間的愛情，很浪漫卻不淒美，引不起後人太多的感慨與共鳴。

但淒美的愛情可能發生在任何人的身上，包括帝王與后妃、才子與佳人、主人與婢僕、老師與學生之間，下面是幾椿最感人的戀情。

一、帝王與后妃的戀情

很令人感傷的愛情竟然發生在幾個皇帝和他們的妃子之間；那就是唐玄宗和李後主的故事。

唐玄宗寵愛的梅妃寫的那首〈一斛珠〉最是淒美：

> 柳葉雙眉久不描，殘紅和淚汙紅綃。
> 長門盡日無梳洗，何必珍珠慰寂寥！

這個故事之所以動人，在於梅妃和楊貴妃之間的爭寵鬥爭失敗。梅妃並非是敗於她的「色」和「藝」，而敗在她的身世。原來梅妃姓江名采

蘋，父親只是一位醫生，天生麗質，她九歲就能詩善舞，又長於文辭，極得玄宗寵幸。但自楊玉環進宮後，楊家原是擁有軍權的豪族，有財有勢，玄宗不敢得罪，而玉環又善媚善妒，梅妃便落了下風，被遷至較為冷僻的「陽東宮」，終至抑鬱而亡！她和玄宗這段戀情，留給後人無限的追念，而她的〈一斛珠〉更突出她的高貴與多情善感的特質。

皇帝與后妃間的真情，在南唐李後主和小周后之間的淒涼結局，也很令人感嘆。小周后本是後主原配昭惠皇后的親妹妹。因姐姐常常生病，她入宮侍候，她的美貌和才智吸引了後主，兩人真心相戀。姐姐死後，李後主在眾臣僚反對之下，仍決心娶她為后。後主為她做的詞很多，最膾炙人口的莫如那首〈菩薩蠻〉了：

> 花明月黯籠輕霧，今宵好向郎邊去。衩襪步香階，手提金縷鞋。
> 畫堂南畔見，一向偎人顫。奴為出來難，教君恣意憐。

這種兩情相悅，祕密偷情的細緻描寫，的確令人心動！後主不愧是「調情聖手」，更是詞學大師。他和小周后的悲歡離合更是令人傷感！南唐被宋太祖滅亡後，他投降，被封為「違命侯」；三年後遭宋太宗毒殺。美貌的小周后則納入宋家後宮，含恨而終。

二、平民仕女的愛情

帝后之間有真情、有悲劇的結局，固然令後人感嘆；在歷史長河中，一般平民子女之間發生的悲壯殉情故事更是所在多有。見之詞章的很多，這裡只舉兩個眾所周知的故事。

千百年來傳誦不衰的《西廂記》，其中崔鶯鶯的遭遇，任何人都會為她掬一把同情之淚。鶯鶯被心術不正的張生愛上後，她幫助他去應試，考試落第，崔贈以貴重的禮物支持他出仕。送別時贈詩曰：

> 淚痕在竹，愁緒縈絲；
> 因物達情，永以為好耳。

但張生仕途順利還鄉，忘了舊情，做了一個負心人。若干年後，張生經崔的住處，求一見。崔鶯鶯寫了她令後人感動的詩句：

自從別後減容光，萬轉千回懶下床。
不為旁人羞不起，為郎憔悴卻羞郎。

這種真情、這種志節、這種精神上的高貴，古往今來鶯鶯一人而已！

鶯鶯的志節可嘉，而唐武則天時代的喬知之與他們侍婢窈娘間的生死戀情更是令人嘆息！喬知之是武后當權時的「左司郎中」，地位約等於今日中央政府部會中的參議，有文才，與婢女窈娘相戀，決心與婢女相守，終身不娶。兩人都才貌相當。因窈娘美豔，被武后的親戚武正嗣得知，設計霸占。知之因此得病，病中祕密贈詩窈娘，以表思念之情：

石家金谷重新聲，明珠十斛買娉婷。
昔日可憐君自許，此時歌舞得人憎。

窈娘得詩後很難過，覺得自己受了很大的委曲，於是作了兩首絕命詩，送給喬郎，然後投井自盡，成就了一段生死相許的戀情。她的絕命詩是這樣寫的：

公家閨閣不曾關，好將歌舞借人看。
富貴英雄非分理，驕奢勢力橫相干。

別公此去終不忍，徒勞掩袂傷紅粉。
百年離恨在高樓，一代紅顏為君盡。

她於是投井自殺，以報喬郎！「一代紅顏為君盡」這是何等的淒涼而高貴的愛情！

三、詩人學者的愛戀

　　帝王后妃和一般平民的愛侶都有生死之戀！那麼文人雅士、文壇、祭酒的愛情又如何呢？當然他們一旦為情所困，更有迴腸蕩氣、嘔心瀝血之作。大文豪蘇東坡那首〈江城子〉，七百年來領生死愛情的風騷：

　　　　十年生死兩茫茫，不思量，自難忘。

　　　　千里孤墳，無處話淒涼。

　　　　縱使相逢應不識，塵滿面，鬢如霜。

　　　　夜來幽夢忽還鄉，小軒窗，正梳妝。

　　　　相顧無言，惟有淚千行。

　　　　料得年年腸斷處，明月夜，短松岡。

這種生離死別的戀情，真是寫得淋漓盡致，令人不忍卒讀。據林語堂大師的考證，這首詞是蘇東坡紀念他青年時代一位戀人嘔血之作。可惜這位戀人是誰，蘇軾沒有留下任何蹤跡。

四、近代的淒美戀情

　　詩人、學者的生死之愛不可勝數。宋代以來由明清以至現代，都發生過萬萬千千淒美的愛情故事，令人心碎。本文限於篇幅，自無法一一敘述。這裡只記載二十世紀中國的兩椿戀情，我認為足以流傳的故事：

　　第一椿發生在中國大陸中共的外交部，部長喬冠華和翻譯員章含之女士的愛情。[1]

　　說起章含之，與作者倒有一點點間接又間接的關係。因為她的父親章士釗（號行嚴）是我「邏輯學」的老師。章大師是民國初年北洋政

---

[1] 參考《傳記文學》第六十八卷第四期至第六十九卷第二期連載，共五期，共約四萬字。

府的司法總長，因為他肖虎，故有「老虎總長」之稱。精通法律與邏輯學。民國三十一年他應中央警官學校的禮聘，住校半月對畢業班學生講「邏輯學」。我那時擔任官校的「文書組長」，奉命作紀錄。兩星期講下來，筆記做了一厚冊。經過一個月整理以後，我把那本紀錄恭楷寫好，凡二萬多字，裝訂成冊，定名為《邏輯學筆錄》。然後親自送到章大師在重慶郊外「歌樂山」的寓所。記得那時的公共汽車是燒木炭，用木炭燃燒產生一氧化碳作燃料，力量自然不夠，爬山尤其辛苦，短短十公里，足足走了一個多小時才到達。那天時值大雨，章老師看到我冒著大雨，親自捧那本厚厚的「筆錄」送到，非常嘉許。事後特別為此事寫了一首詩送給我。詩曰：

> 自古艱深學，留傳能幾人？
> 登壇姑一喚，涵義未全申。
> 「筆錄」誠不忝，心通不失親。
> 梅生嗟太邈，柏棪庶宗因。

民國三十七年末國民政府與中共「和談」，他是五位代表之一，鋒頭很健。我到他在南京的寓所去拜候。他還提出那本「筆錄」，覺得我頗有文才，又知道我剛從美國得了碩士回來，認為待在警官學校教書不容易發展，自動主張介紹我去外交部，並向代部長葉公超先生推薦。後因時局動盪，和談破裂，我追隨中央政府遷到台灣，這件事自然不了了之！這樣說來，含之小姐算是我的師妹了。

閒話少說，言歸正傳，章含之是章士釗的女兒（據說是義女、非親生）。章老則是毛澤東的好友。毛在長沙困處時，章曾周濟毛銀洋二百元。那時的二百銀元可以買一棟很好的房子，約等於今日新台幣五百萬元的購買力。所以毛對章很尊敬，對含之小姐也另眼相看。

章與喬之間的戀情，發生於一九六〇年代。那時喬任中共外交部長，章的外語能力一流，常常陪喬出席聯合國大會和國際會議。日久生情，後雙方原有的婚姻先後破裂，彼此感情的處境相同，於是開始熱

戀，不顧有關方面的勸阻而結合。時值文化大革命期間，喬不容於當權派，終至抑鬱而死。

章很珍惜這次戀情，悲傷、痛惜又憤恨，無可奈何中，文革後，大陸政治和社會走向改革開放，章含之女士寫了篇很長的悼念文章，定名〈十年風雨祭冠華〉，連載於台灣出版的《傳記文學》月刊，真是一字一淚，我讀後很受感動。想不到在血風腥雨的「文革」時代，還會發生如此淒美的「黃昏之戀」；他倆戀愛時喬應已早逾花甲之年，而章僅接近知命。所以偉大的愛情是不受年齡和地位限制的！

第二樁，也是近代最令人感動、震撼心弦的苦戀故事，竟然發生在胡適大師和他的女弟子曹誠英小姐之間。他倆之間相戀之奇，相思之苦，相愛之深，發諸詩詞，可以震爍古今，永垂不朽！[2]

故事是這樣的：胡適博士於民國初年擔任中國公學校長時，曹誠英是他的學生，曹貌美純潔，胡對她印象很好，一九一七年胡奉父母之命與江冬秀女士結婚，曹是他們的「伴娘」之一。由此兩人墜入情海，一九二三年曾密赴江西廬山煙霞洞（地名）同住三個月，胡事後追憶，說那是一段「神仙生活」。其後胡享大名，在教育界和政界叱吒風雲，兩人從此勞燕分飛。其間胡在抗戰期間出任我國駐美大使，華盛頓與重慶之間交通阻隔，不僅無法相聚，連通訊都不容易。曹失望之餘，一度去峨嵋山想削髮為尼，引起胡的極大震驚。

為了魚雁相通，信件又怕外界看到，兩人的相思往往託諸詩詞，只有由「紅娘」代為傳書。紅娘之中有大名鼎鼎的物理學家吳健雄博士（也是胡在中國公學的女學生，曹的密友）。

且讀胡適於聽到曹要當尼姑時的心情，這是一九四〇年二月間請吳健雄轉交的：

孤啼孤啼，倩君西去，為我殷勤傳意。
道她末路病呻吟，沒半點生存活計。

---

[2] 參考童元方著：《水流花靜》，天下文化社出版，二〇〇三年，第二四一頁至二六六頁。

忘名忘利，棄家棄職，來到峨嵋佛地。

慈悲菩薩有心留，卻又被恩情牽繫。

由於「恩情牽繫」以及親友們的勸說，曹終於打消出家之念，回到紅塵，到四川江津大學先修班教書。從上面胡的詞中可以看出來胡、曹之間藕斷絲連苦澀的戀情。

一九四三年六月曹誠英寫了一首詞，託當時重慶沙坪壩中央大學的一位朱教授赴美國之便，送給在華府的胡適大使：

調寄〈虞美人〉

魚沉雁斷經時久，未悉平安否？

萬千心事寄無門，此去若能相見說他聽。

朱顏青鬢都消改，惟剩痴情在。

二十年孤苦月華知，一似棲霞樓外數星時。

曹提起「二十年」前「棲霞樓」的「月華」，是有根據的：因為胡、曹二人於一九二三年同居煙霞洞三個月，胡在那年十月三日的日記中有下面的記載：

睡醒時，殘月在天，正照在我頭上。時已三點，這是煙霞洞看月的末一次了！我這三個月，在月光下過了我一生最快樂的日子。今當離去，月又照我。自此一別，不知何日再能繼續這三個月煙霞洞中的「神仙生活」。

「朱顏青鬢都消改，惟剩痴情在。二十年孤苦月華知。」有情人不僅不能成眷屬，甚至無法直接通信。讀者能不為曹誠英流一場同情之淚？

同年（一九四三）十二月曹又寫了兩首詞，請吳健雄帶給胡適：

〈女冠子〉

三天兩夜，夢裡曾經相見。

似當年，風趣毫無損，心情亦舊然。

不知離別久，甘苦不相連。

猶向天邊月，喚娟娟。

〈臨江仙〉

闊別重洋天樣遠，音書斷絕三年。

夢魂無賴苦纏綿，芳蹤何處是？羞探問人前。

身體近來康健否？起居誰解相憐？

歸期何事久遲延，也知人已老，無復昔娟娟。

「娟娟」是當年胡對曹的暱稱。這兩首詞中充滿了戀情和哀怨！

胡適接到朱教授和吳健雄先後帶到的「情詞」之後，有沒有回信呢？到現在沒有確實的資料可查。

但一九五九年六月胡適到台北南港擔任中央研究院院長時，重抄他一九二三年十二月在北平對曹誠英思念得最苦時的舊作〈祕魔崖月夜〉：

翠薇山上的一陣松濤，

驚破了空山的寂靜。

山風吹亂了窗紙上的松痕，

吹不散我心頭的人影。

五九年曹誠英還健在，胡發表此舊作，是否隔著台灣海峽而寄情？讀者可以去遐想。但很顯然的，他心頭的人影絕對不是江冬秀，而是他三十多年來念念不忘、煙霞洞中的情侶曹誠英！

貴為大學校長、駐美大使、文壇祭酒、一代宗師，因提倡白話文及自由主義，受到中國人崇拜的胡適博士，同樣會為情所苦所痛。他心裡的曹誠英小姐則終身不嫁，苦戀數十年，完成了一段「生死相許」的佳

話，使有情人同聲一嘆，甚至一哭！

　　本文所列舉的生死相許的淒美愛情，只是中國歷代人物感情世界的極小、極小部分，卻已足夠讓我們深切體會：「問世間情是何物？直教人生死相許！」這句名言的真實性！

▲ 胡適

▲ 曹誠英

男女之情可能產生「生死相許」的愛情，令人感嘆。同性之間，特別是男性之間，則可能產生「情勝手足」的友誼，令人敬佩。在中國歷史長河中，發生過無數「義薄雲天」的友情，百世以下仍使人懷念、景仰！下面是六樁令人永遠追念的故事。

一、「知音難覓」的俞伯牙和鍾子期

　　中國歷史上最早而且很享盛譽的友誼故事之一，應該算是春秋時代「俞伯牙碎琴謝知音」。這段情誼之所以能千古流傳，是由於兩人經由對音樂的深邃修養和對「知音」的珍惜而來，特別令人震撼難忘。故事是這樣的：

　　晉國大夫俞伯牙是一位音樂大家，對彈琴（古代的七弦琴）有極高深的造詣。有一年，他奉晉主之命出使楚國。在乘船的歸途，泊舟於山岩之下。當晚月明風清，四野靜寂；他一時興起，命侍從取出弦琴，高彈一曲，忽然弦斷。他甚覺奇怪，以為有甚不吉之事發生。卻聽得山岩之上，有一人自稱「樵夫」對琴音欣賞瞭解，大談琴音之道和該琴的來歷。俞伯牙極表驚詫，在這荒山野地，何來博通音律和弦琴的雅士？

　　邀此君上船暢談，方知這位「知音」是楚國的鍾子期，精音律，博學多才，亂世隱居馬鞍山集賢村，打樵奉養雙親，過著隱士般的生活。兩人相見恨晚，一面暢談音樂，高山流水，盡情陶醉；一面互述生平，彼此敬仰，直到天明，不忍分手。於是俞伯牙倡議，當場結成異姓兄弟。握別時約定明年此日在原地再續「知音」手足之情。

一年後，俞伯牙舟臨舊地，得知鍾子期已在數日前逝世。伯牙得見子期的父母，拜倒子期墳前，感世事滄桑，知音難再得，於是在墳前奏最後一曲，隨琴而歌；歌曰：

> 子期子期兮，你我千金義，歷盡天涯無足語。
> 此曲終兮不復彈，三尺瑤琴為君死。

唱完，高舉稀世之寶的弦琴，摔碎在鍾子期的墳前。這就是「俞伯牙碎琴謝知音」的故事。

伯牙此舉留下一首後人吟誦不息的小詩：

> 摔碎瑤琴鳳尾寒，子期不在對誰彈！
> 春風滿面皆朋友，欲覓知音難上難。

「欲覓知音難上難」，千古同慨！俞伯牙和鍾子期的友誼也就傳誦不衰了。

二、掛劍全義的吳季札和徐國君

朋友之間信義第一；所謂「一諾千金」、「一言既出，駟馬難追！」唯有守信全義，並視金銀寶器為敝屣，才算得是朋友之交、手足之情。能夠確確實實做到這種程度的，在中國歷史中應推春秋時代的吳季札。

吳季札，即吳國的季札，他是吳王壽夢的第四個兒子，自幼即有賢名。壽夢想他來繼承王位，季札力辭，於是改立長子諸樊，封季札於延陵（今日浙江、會稽），世稱「延陵季子」。季札在他有生之年，歷經吳國王位的傳遞和爭奪，他數次都有機會即王位，但他卻懇辭或逃避，不願親國政。於是他的清高和賢德，在當時諸侯各國之間流傳甚廣，普受尊敬。

一位有才有德的人，而且又是王室宗族的長輩，便成為最有資格的使臣。他奉吳王之命，遍訪四鄰各大國。他的出國訪問路線如下：

　　首先他出訪吳國北邊的魯國，魯國是禮樂之邦，他「請觀周樂」，又看「周舞」。看了每一種音樂，包括周南、召南、衛風、齊歌、夏聲、小雅、大雅等篇，分別予以講評；看了各種舞蹈，包括象簫、南籥、大武、韶護、大夏、招簫等曲，也有他獨特的見解。魯國的人很佩服他的才學和對音樂、舞蹈的深邃修養。然後他分訪齊國、鄭國、衛國、晉國；與各國重要的政治人物，包括齊國的宰相晏嬰，衛國的宰相子產，鄭國的君子公子荊、公叔發等，以及晉國的名臣趙文子、韓宣子、魏獻子等先後會談，受到很大的歡迎和敬重！吳季札的賢德遠播於春秋各國之間。

　　可是他最著名的行為，卻是他路過徐國時，徐國（現江蘇徐州）的國君徐君對他所佩的寶劍非常羨慕，很想向他購買，但懍於季子的身分和地位，不好意思開口。徐君對這位名傳天下的貴賓，極盡招待的能事，兩人的友誼在短短的期間內便建立起來了。徐君也很有才德，兩人惺惺相惜，真是相見恨晚。季子看出徐君善劍，對自己所佩寶劍讚賞備至；在殷殷握別後，季札留下了一句話：下次我從齊國回來，會再經徐國重聚，那時你就有一把你最喜歡的寶劍了。他這個暗示，徐君連稱「不敢」，卻也暗自心喜，覺得季子的確是個知心朋友。

　　在春秋戰國時代，一個有身分的人，他的地位與他所佩的劍是相等的，有點像今天軍人所佩帶的軍階和文人所佩帶的勛章。吳季札以吳王兄弟的身分出使各國，他的佩劍自然價值連城，在訪問期中當然不能隨便送人，他與徐君雖然一見如故，建立了深厚的情誼，出訪未結束，寶劍當然不可離身。但他深知這位結識的好友，很喜歡他的劍，因此他留下了暗示，作為他對好友的承諾。

　　過了一年多，季札成功地訪問幾個國家後回吳國，又途經徐國，正想與好友徐君重聚，共敘離別之情。哪知道他進入徐國後才知道徐君已經物故。季札極其傷心。他堅持要到徐君的墓前祭拜。他於哭奠一番之後，突然解下所佩的寶劍，掛在徐君墓前的樹上，禱祝說：老友，我知

道你喜歡我的劍，我也答應你要送給你，現在這把劍掛在你的墓前，完成我的心願，作為我們友情永在的象徵。在場的眾人聽了無不流淚，稱頌季札的賢德。

《史記》上對這一段佳話，有下面簡要的記述：

「季札之初使，北過徐君。徐君好季札劍，口弗敢言。季札心知之，為使上國，未獻。還至徐，徐君已死，於是乃解其寶劍，繫之徐君冢樹而去。從者曰：『徐君已死，尚誰予乎？』季子曰：『不然。始吾心已許之，豈以死倍（背）吾心哉！』」

季札掛劍念亡友，成為千古流傳的佳話：「延陵季子兮不忘故，脫千金之劍兮帶丘墓。」這兩句詩千載以下，仍然膾炙人口。

三、「一死酬知己」的荊軻和燕太子丹

「荊軻刺秦始皇」是千古流傳的壯烈故事。中國大陸影片《英雄》就是以這個故事為張本。荊軻為什麼願去行刺始皇？他明知此去有死無生，能慷慨赴義，其中最大的「驅迫力」是他和燕國太子丹的「生死情誼」。

燕國的太子名丹，先是送到鄰近的趙國作人質，同一時間秦國的庶子政，也在趙國，兩人頗有交情。後來政回到秦國即了王位，丹又被送到秦國為質，秦王政並沒有善待他，於是燕丹潛逃回國，私情方面對秦王怨恨，同時秦國國勢日強，其軍力已威脅燕國境界，太子丹亟欲採取行動來消滅秦政的威脅。最直接的辦法自然在能刺殺秦王了。

可是秦國強盛，秦王守護極嚴，要刺殺他難上加難！經燕國的國士田光進言，認為必覓智勇雙全，重情重義之壯士，或可達此目的。那時出生於燕國南鄰的荊軻，到了燕國，他是一位大有名氣的「劍士」，曾與當代劍術家蓋聶、魯句踐等較量，名噪一時。到了燕國之後他和大名鼎鼎的音樂家高漸離有深交，高的擊「筑」絕藝宇內知名。《史記》對荊軻有如下的描寫：「然其為人沉深好書；其所游諸侯，盡與其賢豪長者相結。其之燕，燕之處士田光先生亦善待之，知其非庸人也。」田

光於是向太子丹力薦荊軻，認為荊軻是唯一可以負起這個大責重任之人。可是謀刺秦王不僅是一件「不可能的任務」，更是一個「最大的機密」。受此重託的俠士如何能讓他自願捨身赴義，實在難上加難！這時候太子丹顯示了他情義的一面。經由田光先生介紹，太子丹與荊軻折節相交，和他詳細分析天下大勢！那時秦遣大將王剪指向東南，滅韓，伐楚，臨趙；大將李信出兵東北，占太原、雲中，已接近燕國邊界。秦王有併吞天下的野心；燕國禍在旦夕！唯一挽救之道在於除掉秦王政，荊軻被他說服；燕丹更動之以情，許之以位。《史記》上說：

> 於是尊荊軻為上卿，舍上舍，太子日造門下，供太牢，
> 具異物，間進車騎美女，恣荊軻所欲，以順適其意。

　　荊軻既恨秦王，又感燕丹盛情，接受了太子丹付託的生死重任。在這個過程中發生了兩樁大事，使荊軻更覺得義不容辭，唯有以一死報燕丹才能對得起自己的好友：

　　第一件是田光先生向太子力薦荊軻去負責刺秦王後，因事關國家存亡的大機密，立刻自殺，以表自己絕對不會洩密；這一斷然舉動，使荊軻大為震撼。

　　第二件是荊軻想到：如要秦王願親自接見他，必須有令秦王非常高興的禮物。而秦王當時最恨的是秦國的一員叛將樊於期將軍。曾懸賞千金、賜邑萬戶要獲得樊將軍的頭顱。樊於期知道荊軻有刺秦王的壯舉，便自刎而死，將頭交給太子丹。

　　田光和樊於期都是戰國時代鼎鼎有名的人物，他們二人先後自殺來促成荊軻之行。荊軻深受感動是不言而喻的！於是荊軻在燕太子丹的深厚情誼和田、樊兩位先生感動之下，作出了情無反顧，義薄雲天，震驚天下，傳名萬世「刺秦王」的壯舉。

　　《史記》對荊軻慷慨赴義、出發抵易水，有如下動人的送別描寫：

　　「太子及賓客知其事者，皆白衣冠以送之。至易水之上，既祖，取道，高漸離擊筑，荊軻和而歌，為變徵之聲，士皆垂淚涕泣。又前而為

歌曰：『風蕭蕭兮易水寒，壯士一去兮不復還。』復為羽聲慷慨，士皆瞋目，髮盡上指冠。於是荊軻就車而去，終已不顧！」

荊軻抵秦，用樊將軍的頭和燕國的地圖作晉見的禮物。秦王政果然在殿上親自接見他。荊軻藏淬了毒藥的短匕首在地圖中。「圖窮匕現」，荊軻拿匕首殺秦王，被秦王躲開。於是展開殿上的追逐，又不逞。最後秦王拔出了長劍，刺傷了荊軻，荊軻重傷倒地，用匕首怒擲也未中。秦王用劍傷了荊軻八處。軻自知失敗；《史記》記下他的遺言：「軻……倚柱而笑，箕踞以罵曰：『事所以不成者，以欲生劫之，必得約契以報太子也。』」臨死仍不忘太子丹的付託，荊軻不愧為一個義薄雲天的英雄！

後世為荊軻刺秦王作歌，歌曰：

風蕭蕭兮易水寒，荊卿（荊軻的別名）入秦關。
壯士仗劍從此去，豈為兒女顏。擊筑歌聲悲且壯，沖天髮指冠。
千山流水鳴潺潺，不畏行路難。只知一死報燕丹，一去不復返！

「一死酬知己」，荊軻已經不朽！

四、「生我者父母，知我者鮑叔」和管仲

「管、鮑之交」是春秋時代以後兩千年來中國民間朋友相交的典範，一直到明末清初「桃園三義」才有後來居上之勢。這是明代《三國演義》廣泛流傳深入民間後的結果。「管、鮑雙義」其實也應該是「管、鮑、召」三義，但後世的人，由於管仲講了下面的故事，把第三位「召忽先生」淡出了。管仲說：

「曾與鮑叔共同做生意，賺了錢，鮑叔一定分多錢給我，因為他知道我家裡很窮。我們一同去打仗，他總是擋在我前面，生怕我受傷，因為他知道我還有老母要奉養。」

在這種情誼之下，管仲說了一句萬世傳誦的話：「生我者父母，知我者鮑叔也！」把自己朋友的情誼和自己父母的恩情相提並論，在古代是絕無僅有的！因此，「交如管鮑」便成了家喻戶曉的讚美之詞與競相仿效的模式了。

管、鮑、召是誰？為什麼管鮑之誼能萬世流傳？其中有著很感人、也很複雜的情節。

話說春秋時代，位於今日山東省的齊國，傳至齊僖公，有三個兒子，長子「諸兒」、次子「糾」、三子「小白」；僖公死後，「諸兒」即位，是為襄公。他荒淫無道，被堂弟「公孫无知」篡殺，於是二公子糾逃到魯國舅舅家避禍。三公子小白則逃到莒國。管仲和他的好朋友召忽是公子糾的老師；他們另一個好朋友鮑叔則是公子小白（後來的霸主齊桓公）的老師。

鮑叔、召忽和管仲是當時齊國三位很有學問和名氣的人，所以僖公分別聘請他們擔任兩位兒子的師長，而他三人本是意氣相投、立志復興齊國的知己朋友，在分赴魯、莒以前，經常對齊國的未來熱烈討論。

篡位的「公孫无知」因在國內樹敵太多，在位只有幾個月就被人殺死，這時公子糾和公子小白的擁護者，都爭著把自己的主人送回齊國，希望登上國君之位。小白從莒國返回，糾從魯國趕去，兩邊人馬在途中夾道相逢，便打了起來。管仲擁護公子糾心切，一箭射向小白，小白中箭倒下，管仲和公子糾以為小白死了，便慢慢向齊國首都前進。誰知道小白並未受傷，管仲的箭射在他的衣帶鉤上，沒有傷及皮肉；他很聰明，對外宣布已重傷死亡，卻由鮑叔一路保護，兼程趕回齊國；在幾位齊國大夫擁戴之下即了王位，是為齊桓公。

公子糾聞訊，只好又回到魯國，但魯國在齊桓公壓力之下，把公子糾殺了。管仲和召忽變成「無主」之人。而鮑叔則因擁立小白有大功，齊桓公堅持請他做宰相。

鮑叔是管仲的好友，很佩服管仲的才華，一再力薦管仲自代，要桓公把管仲和召忽從莒國召回來。召忽聽到這個消息，又見魯國殺了公子糾，極其感慨。他對管仲說：公子糾被殺，是我們兩人的恥辱，我要

為公子糾殉難，你是齊國的良材和未來的希望，千萬不可殉主。我死你生，公子糾有一「死臣」殉難，同時也有一「生臣」去振興齊國，他死也瞑目了。於是他從莒國進入齊國國境後，便立即自刎而死。召忽沒有參加振興齊國的霸業，被後世淡忘了。

管仲對這一幕感受極深，鮑叔也是非常感慨。三人之中只剩管鮑兩人，更覺得對國家的責任重大，兩人的心更緊緊接合在一起了。

於是鮑叔一再力薦管仲出任齊國的宰相。桓公說：管仲拿箭射我，差一點把我射死，他是我的仇人，我能重用他嗎？鮑叔說：此一時也，彼一時也。當年他拿箭射你，是在兩軍交戰的時候，各為其主，是他對主人的忠心，不必計較。現在公子糾已死，你如果重用他，他一定會同樣忠心待你。同時齊國如果要復興，要在諸侯間稱霸，只有管仲輔佐你才能達到目的。在鮑叔一再力薦之下，齊桓公終於同意任命管仲為宰相。

鮑叔力薦管仲自代，出任齊國的宰相，在古今中外的歷史中很少有同樣的義舉。試想，宰相之位何等高貴、尊榮，哪會有人堅持要讓位給朋友。今日之世，把別人排擠掉還來不及呢！所以管仲對鮑叔的感激是毫無疑問的！最值得讚佩的是鮑叔，他對管仲真是仁至義盡，而且他確有知人之明。他對齊桓公說了下面的話：（見管子‧小匡篇）

「臣，君之庸臣也。……若必治國家，則非臣之所能也，其唯管夷吾乎！（夷吾是管仲的號）臣之所不如管夷吾者五：……夫管仲民之父母也，將欲治其子，不可棄其父母。」

果然，管仲佐齊桓公，進行國政大革新，任用賢能之士；其結果：

三歲治定，四歲教成，五歲兵出。有教士三萬人，革車八百乘。……故兵一出而大功十二。故東夷、西戎、南蠻、北狄、中諸侯國，莫不賓服。……大朝諸侯於陽穀。故兵車之會六，乘車之會三，九合諸侯，一匡天下。

連孔子都很讚佩他，說：「如其仁，如其仁」；「微管仲吾其被髮左衽矣！」

鮑叔能力薦管仲自代是鮑叔的偉大！管仲能不負鮑叔的情義和大力的薦舉，完成了齊國的霸業是管仲的偉大！但就兩人的交情言，的確是「前無古人」，足以光耀史乘，千年萬世，永遠留名！

五、「桃園結義」的劉、關、張

三國時期劉備（字玄德）、關羽（字雲長）、張飛（字翼德）三人，在一個名叫桃園的地方，結為義兄義弟；誓盟時說：「不願同年同月同日生，但願同年同月同日死！」他三人同心協力打拼，加上後世譽為「天下第一軍師」諸葛亮（字孔明，人稱臥龍先生）以及名將趙雲、馬超、黃忠等的輔佐，把一個無立錐之地的「劉皇叔」（即劉備），捧成了三國鼎立、蜀國的「昭烈帝」；地跨荊、益兩州，即今天由湖北、湖南直到四川與雲南、貴州各省的廣大地區；真是中國歷史上奇蹟之一！劉備可說是「白手起家」、「赤手空拳打天下」。他之所以能夠崛起，能與根基遠較他深厚的曹操和孫權對抗，其主要的原因，後世多歸功於「桃園結義」。由於三人的一心一德，出生入死，合力打拼，才創造了奇蹟！

正史對三人的結義沒有具體的記載，只在《三國志》〈關張馬黃趙傳〉中有下列零星的紀錄：

> 關羽字雲長，本字長生，河東解人也。亡命奔涿郡。先主於鄉里合徒眾，而羽與張飛為之禦侮。先主為平原相，以羽、飛為別部司馬，分統部曲。先主與二人寢則同床，恩若兄弟。而稠人廣坐，侍立終日，隨先主周旋，不避艱險。
>
> 張飛字益德，涿郡人也，少與關羽俱事先主。羽年長數歲，飛兄事之。

數百年來廣為流傳的《三國演義》則對三人的結義有極精緻的描繪，其中對關羽（俗尊稱「關公」）的「掛印封金」、「過五關斬六將」、「千里尋兄」等情節，描繪得淋漓盡致，感人極深。其後關羽奉命留守荊州，晚年被孫權的青年將領呂蒙、陸遜等所敗，終被斬首送給曹操表功。劉備在成都，聞訊大怒，不惜發蜀中精兵數十萬，在長江三峽一帶「連營三百里」，要與孫權決一死戰。結果又被呂蒙等火攻，劉先主大敗，不僅沒能報關羽被殺之仇，自己也氣病了，臨終前，把諸葛亮從成都請到前線指揮部所在的白帝城，而有「白帝託孤」精采的一幕。

　　張飛聽到關羽和劉備的死訊，不久也被部將所殺，真有一點「同死」的味道。

　　《三國演義》中的敘述，自然「戲曲性」的成分居多。但他們三人的結義，那種同甘苦、共患難、同事業、共生死的偉大情操是不容懷疑，非常值得肯定和讚揚的！世態炎涼、人心冷暖，在三國的亂世中，居然有三個人能夠有如此高貴的結合，無怨無悔，以光復漢室為己任，更把兄弟手足之情放在最高的位階，終身以之。難怪後世的人把「桃園三義」，看成朋友相交的最高典範！而其中的關羽更被封為「武聖」、「關聖帝君」，受到清朝以來民間的馨香膜拜。我想，這樣的變化，《三國演義》的作者羅貫中先生恐怕也沒有想到過。

　　桃園結義對後世的影響極大極廣，億萬中國青年在過去幾百年中（特別是清朝以後，因為清朝對關羽極盡推崇的能事，希望透過結義的倡導，沖淡滿漢的對立）有數不清的模仿結義的例子。本文第六節的「陳英士和蔣介石」便是顯著的事實。作者在中學時代也和兩位同班同學「義結金蘭」。即在今天的台灣，朋友結為義兄弟者，社會各階層中不可勝數。很多台灣地名也是從三人義薄雲天的故事而來：如「桃園縣市、三義鄉、關廟鄉」等地都是。朋友之間如能建立兄弟般的深厚情誼，同甘共苦，生死不渝，這是何等高貴的境界！對社會道德水準的提昇和維護，是具有很正面的功能的！劉、關、張三義在中國人心中耳熟能詳，不多贅述。他們之間的「義薄雲天」在中國歷史上已經不朽！

六、「一死一生」的陳英士和蔣介石

中華民國總統在位最長的首推蔣介石先生。在台灣的人大都只知道兩位蔣總統（蔣介石和他的兒子蔣經國）以及嚴家淦、李登輝和陳水扁。其實中華民國於一九一二年（民國元年）創立後到民國十五年北伐，其間也有好幾位總統。其中最著名的是「臨時大總統」孫中山和逼他下台的袁世凱。孫先生只做了兩個月便被袁壓迫自行退位，將總統大位讓給了袁世凱。袁因想做皇帝，改「中華民國」為「中華帝國」，「民國」曾短期中斷。袁倒台後，中華民國又有幾位總統，包括黎元洪、徐世昌、曹錕等，任期都很短。北洋政府時代，段祺瑞以「執政」當國，總統缺位，軍閥混戰，直到北伐成功。

蔣介石先生（號中正）一生充滿了傳奇和起伏：他是率領中華民族擊敗日本帝國主義者、使日本帝國向中華民國無條件投降的大英雄；更是一九四五年在埃及「開羅會議」中，向盟國領袖、美國羅斯福總統與英國邱吉爾首相，嚴正要求日本於戰敗後將台灣歸還中華民國，一雪一八九五年馬關條約國恥的歷史性人物。可惜他於抗戰勝利後，內政不修，被毛澤東打敗，退守台澎金馬。國際輿論都以為他已日暮途窮，再不會有所作為了。可是出乎世人意料之外，他能把台灣彈丸之地，脫胎換骨，一躍而成「亞洲四小龍」之一而蜚聲國際！

從歷史人物的標準來判斷，蔣先生絕對是一位偉人。他為中華民族、為台灣，創造了不朽的聲譽。沒有他的卓絕領導與奮鬥精神，中華民國的抗日戰爭不可能勝利！台灣的建設不可能有當年的榮景！

蔣先生的令人欽敬之處不只是他的功業及對中華民族和台灣的貢獻，他的愛友重義，更是極其傑出。這是一般人極少知道的一面，那就是他和陳英士先生的生死友情。

陳英士先生字其美，浙江湖州人。是孫中山先生在日本時結識的革命志士。長於組織和軍事，更是一表人才。留日期間他與比他年輕很多的革命青年黃郛、蔣介石結識，大家矢志推翻滿清、建立民國，意氣

相投，立誓甘苦與共；於是仿「桃園三義」故事，結為金蘭。英士年最長，郭次之，介石最幼。故奉英士為長兄。

英士受孫先生感召，由日本返故鄉即祕密從事革命活動。介石亦浙人，成為英士的得力助手。辛亥革命軍興，英士舉義響應，光復浙省，厥功甚偉！民國成立後，英士聲譽甚隆，出任上海都督，即集軍政大權於一身的上海市領導人，是維護共和、支持孫中山先生的重要力量。蔣先生因避嫌，未參加政府，在上海經營商業，從社會方面支持英士。

陳英士的堅持共和、緊密追隨孫先生的立場，甚為一心想做皇帝的袁世凱大總統所忌。民國五年五月十八日，袁派槍手刺殺英士先生於上海。同時散布謠言，警告如果有人敢收陳的屍首，一定會受到嚴厲的懲罰。在袁世凱氣焰薰天的大環境下，居然陳氏的親友都不敢妄動！這時，年僅三十歲的一介平民，英士先生的義弟蔣介石卻奮不顧身，不理袁氏黨羽的生命威脅，到現場運回陳氏的遺體，舉辦相當盛大的追悼會。在追悼會上，蔣先生痛哭失聲，讀了一篇他自己親自所寫，血淚交織，有情有義，足傳後世的祭文。這篇祭文只有五百餘字，卻是大義凜然，手足之情、生死之交，躍於紙上，令人不忍卒讀。記得我年輕時讀此文，也是忍不住淚流滿面，覺得蔣公不愧是一位有情有義、響噹噹的革命青年。這篇祭文中的精采感人的文句如下：

「維民國五年五月二十日，義弟蔣介石致祭於英士義兄之靈曰：嗚呼！自今以往，世將無知我之深，愛我之篤者如公者乎！丁未至今，十載其間，所共者為何事？非安危同仗之國事乎？所約者為何辭？非生死與共之誓辭乎？而乃一生一死，國事如故……大難方殷，元凶未戮，繼死者之志，生者也；完死者之業，生者也！生者未死，而死者猶生！死者之志未終，而生者終之；死者之業未成，而生者成之。不終不已，不成而不死亦不已！……而今而後，教我勗我，扶我愛我，同安同危，同甘同苦，而同心同德者，殆無其人矣！」

「繼死者之志，生者也，完死者之業，生者也！生者未死，而死者猶生！不終不已，不成而不死亦不已！」這幾句話是何等的悲壯！何等的情義！真可說是「義薄雲天」了！

至於蔣公因當國主政逾半世紀，其政治恩怨和種種毀譽，均不在本文研討之列。他與陳英士先生之間的生死情誼應該是可以不朽，值得後人敬仰追念的！

　　後記：蔣公一生的志業，尤其是在大陸時期，他似乎都默默地實踐對英士先生的諾言。他參加「倒袁」成功；領導北伐勝利；帶領全民八年浴血抗戰，日寇終告俯首投降。這都是他在祭文中所承諾的，一一能夠實現，英士先生在天之靈應可含笑。

▲ 陳英士

　　上面六個故事都是在中國歷史長河中發生過的「義薄雲天」朋友之誼，值得後世的人永遠追念和仿效。在人情險惡的二十一世紀，更值得我們深思自省。

孔子和弟子們的襟懷
——重讀《論語》的省思

一、孔子思想影響中國兩千年

孔子生在動盪不安的春秋時代,「臣弒其君者有之,子弒其父者有之」,從唐、虞、夏、商四代和周朝初期建立起來的社會規範與典章法制受到很嚴酷的挑戰。孔子,作為一個高級知識分子,有很深的感觸。他眼見當時各國的內政不修而又相互鬥爭,民間卻瀰漫著暴戾之氣。自己的母國,魯國,權臣亂政,賢能不舉,他的沮喪和無奈是可以想見的。於是他反求諸己,開創中國歷史上第一次的「私人講學」。希望齊集有志節和抱負的年輕一代,在他的教化之下,形成一股清流,來挽救政府與社會的不良風氣。一部《論語》就是孔子和他的弟子們襟懷的真實描寫;其中有理想,更有現實,是春秋時代知識分子的心聲。過了三百多年,漢武帝時把孔子的思想「定於一尊」,成為此後兩千年中國人言行思想的最高準則。孔子本人更被尊為「至聖先師」,封為「文宣王」,廟祀兩千年,享盡世俗的尊榮,想非孔子始料所及,也應非孔子的本意。

孔子「述而不作」,他和耶穌相同,沒有寫一部完整理論的書,他的主張和教誨都是弟子們的記述。後人予以集中整編,著成一部《論語》。這部《論語》被後世視為修己、待人乃至治國、平天下的寶典。所謂「一部論語治天下」,甚至明朝的名臣劉基覺得「半部論語」都可以治天下,其深入中國士大夫心靈深處到如此根深蒂固的程度,真是令人驚嘆!因此很多學者認為孔子思想,即一般人所稱「儒學」,可以視同一種「宗教」,其理由在此。

二、《論語》內容剖析

（一）怪異的編排

　　《三字經》的作者，對《論語》作了十二個字的評述：「論語者，二十篇，群弟子，記善言。」究其實際，二十篇的《論語》中並非全都是弟子們記錄孔子的言行。反之，有些部分弟子們自己講的話比老師的話還要多。例如子張篇第十九中的二十五章，就完全是子張、子夏、子游、子貢和曾子等五位弟子的言論，與孔子無關。微子篇第十八也大半是當時各方面人物對孔子的評論，很少孔子自己的主張。泰伯篇第八則凸顯曾子的嘉言。從現代編輯的標準來看，《論語》實在是編得亂七八糟的一本書。二十篇的題目與其各章的內容沒有任何直接或連帶關係，一律取自各篇第一章第一句的前面兩個字，為什麼作這樣的選擇和編排，實在令人找不出理由。因此，讀《論語》的人必須「死背」才能全部貫通。如此怪異的編輯真是苦了千餘年來的士子了！

（二）弟子們的分量

　　《論語》既是群弟子的記述，那麼這二十篇的紀錄中，有多少位弟子出現了呢？孔子在魯國講學，後世認為他有七十二位弟子，三千位門人。可說是標準的「大班制」。可是從《論語》中看不出他有那麼多學生。《論語》中只有二十七位弟子有紀錄可查。依他們年齡的順序為：1.曾晳：曾參的父親，年齡不詳；2.顏路：顏淵的父親，小孔子六歲；3.冉伯牛：小七歲；4.子路：小九歲；5.漆雕開：小十一歲；6.閔子騫：小十五歲；7.冉有：小二十九歲；8.宰我：小二十九歲；9.冉雍：小二十九歲；10.顏回：小三十歲；11.巫馬期：小三十歲；12.子賤：小三十歲；13.高柴：小三十歲；14.子貢：小三十一歲；15.有子：

小三十三歲；16.原思：小三十六歲；17.澹台滅明：小三十九歲；18.子禽：小四十歲；19.公西華：小四十二歲；20.子夏：小四十四歲；21.子游：小四十五歲；22.曾參：小四十六歲；23.樊遲：小四十六歲；24.子張：小四十八歲；25.申振：年齡不詳；26.南宏（南宮括）：年齡不詳；27.公冶長：年齡不詳。

由此可知，孔子的學生中能和孔子對話或面對面討論問題的人是相當稀少的。二十七人只占七十二弟子的三分之一強。如果和三千門人比較則不及百分之一。據此推論，孔子的教學可能是透過「弟子」去教「門人」。至於孔子曾否像耶穌一樣，聚眾「登山訓話」或和門人弟子作較大規模的敘談，《論語》中並無類似的記載。他和弟子聚談，只有「先進篇第十一」中和子路、曾皙、冉有、公西華四人的對話，是《論語》全書最生動的一幕。四人中，曾皙和子路與孔子的年齡相近；冉有小了二十九歲；公西華更小四十二歲，屬於孫輩。三代同堂，各言爾志，率性而談，成為孔門佳話。

弟子與孔子直接對話的記載不多，孔子和他兒子伯魚的對話，《論語》中也只有兩次。而且引起時人陳子禽批評他「君子遠其子」。由此可見孔子是相當忙碌的，他三十歲時開始收徒講學；五十一歲時開始從政；五十五歲離開魯國，周遊列國十四年，弟子有多人追隨；六十八歲奉召回魯國；七十三歲才逝世。他教誨弟子的時間長達四十年，的確是一位偉大的教育家。弟子們在他死後，多人為他守墓。其中官做得較大的子貢，還在墓前築屋相守三年之久，許多門人跟從，多達百餘戶，成為歷經二千年的「孔里」。孔子身教言教影響久遠，不難想見。

（三）呈現的形式和重點

《論語》二十篇呈現的形式非常特殊；如前所述，各篇沒有連貫性、也無前後呼應的關係，近乎近代的「雜記」或「有聞必錄」。這麼重要的一部著作居然如此散漫，卻能流傳久遠，真是匪夷所思。歸納二十篇的內容，可作如下的分析：

1. 學而篇第一：內容最為龐雜，有孔子的話，也有弟子的話，更有師生對話。其內容包括孝道、政事、求學、交友和個人的修養等等，全文十六章；也勉強可視之為「概論」吧。

2. 為政篇第二、八佾篇第三、泰伯篇第八、子路篇第十三、季氏篇第十六以及堯曰篇第二十等六篇多談治國、為政和政事。孔子對政治的重視是顯而易見的。

3. 對於「仁」的解釋，孔子和弟子們不厭其詳的討論和說明，分別見於里仁篇第四、顏淵篇第十二和憲問篇第十四。孔門以仁為本是毫無疑問的。

4. 孔子特別重視個人的修養，希望人人成為「君子」。這方面，在《論語》裡面他和弟子討論得極多；包括公冶長篇第五、雍也篇第六、述而篇第七、子罕篇第九及衛靈公篇第十五等五篇，是孔門人文精神和政治思想的精華。

5. 孔子重仁以外，也非常重視「禮」和「樂」；在八佾篇第三和鄉黨篇第十中都有詳細的討論。

6. 孔子從他對時人和弟子們的評論，看出他對人格和社會的理想；在公冶長篇第五、雍也篇第六、述而篇第七、先進篇第十一、陽貨篇第十七和微子篇第十八等六篇有很精闢的見解。

7. 孔子臧否政治人物，明是非，闢正邪，《論語》中的陽貨篇第十七和微子篇第十八兩篇中都說得淋漓盡致，義正詞嚴。

以上是對《論語》二十篇中論著重點的分析。至於其形式包括了獨白、對話、討論、批評等等。每一句話都言之有物，語重心長，合乎人性，深具理想。《論語》之不朽，實在於此！

三、孔門的襟懷

孔子思想是春秋時代的產物。在紛擾不安的政治與社會環境中，孔子高舉仁恕的大旗，力倡中庸之道；沒有道家的遁世思想，也沒有法家的嚴刑峻法主張，更沒有楊朱的偏激言論，處處顯示他的人道思想和人

本主義。不逃避、不反叛。主張溫和的改革，一再強調修身的重要。在《大學》一書中，他更是提出三綱八目，成為孔門經典中的經典。所謂「三綱」是：1.明明德；2.親民；3.止於至善。「八目」則是：格物、致知、正心、誠意、修身、齊家、治國、平天下。孔子對治國之道作了一個總結；他說：「自天子以至於庶人，一是以修身為本。」在紛擾的政社情境下，他沒有怨天尤人，把解決問題的重心歸結到個人的品質；而個人品質的善惡需要領導者以身作則。他帶領那麼多弟子和門人，令他們感動，都從他以身作則而來。讀鄉黨篇可以明瞭孔子成功絕非偶然！

　　拿現代人的眼光來看，孔子的言行似乎有點迂腐，但誰敢說他不對呢？至於他對為政者的規勸，以「立信」為本；他主張的治國三要：「足食、足兵、民信之矣」，「自古皆有死，民無信不立！」拿台灣近年來政局動盪，孔子的話更是暮鼓晨鐘！

　　孔門弟子，受老師的耳提面命和人格薰陶，雖然每一個人的領悟不盡相同，他們的襟懷都是很值得後世景仰的。即以比較粗線條的子路來說，他的治國目標在於「有勇知方」，「知方」就是「明理」、不亂搞的意思。人民勇敢而不亂來，國家能不富強嗎？比子路小二十歲的冉有對老師的教誨受影響很大，他的治國之道則在使百姓富足並重視禮樂和教化。年紀更小的公西華則完全接受孔子的思想，覺得應由禮治著手。他們都是孔門的好學生。

　　講到弟子們處亂世的襟懷，從子張篇第十九中獲見其一斑；例如：子張認為：「君子尊賢而容眾，嘉善而矜不能。……」只要自己賢能，任何人都可接納。子夏主張「博學而篤志，切問而近思」。曾子對亂世犯罪的人應該「哀矜而勿喜」，已成千載名言，也是現代犯罪學家的主張。連長袖善舞的子貢，都說了「君子之過如日月之蝕」的名句。孔子的弟子在亂世仍主張「行仁政」、「重禮樂」，堅持「中庸之道」、「講信修睦」、「選賢與能」。這種不講權謀，只問道德和倫理；背棄利害，強調誠實與律己；不自我吹捧，要求「人不知而不慍」；是何等偉大的襟懷！

作者在弱冠年代奉嚴命苦讀過一陣《論語》，數十年後仍能背誦其中的一部分。最近重讀，深感《論語》能二千年不衰，其原因為孔門的主張，在於重視人性而力主提昇人性，想把人類社會和國家昇華到道德、信義和禮樂之治的境界。這些崇高的目標，到現在還沒有哪個社會、哪個國家已經完全做到！一九九八年全球歷屆諾貝爾獎得主集會於法國巴黎，發表集會宣言，一致認為二十一世紀的人類應向東方孔子思想學習其智慧！噫歟盛哉！孔子與其弟子的襟懷，誠歷久而彌新，百世以俟聖人而不惑！

（本文主要參考：《史記》：孔子世家及仲尼弟子列傳；又傅佩榮著《解讀論語》，民國八十八年，立緒文化公司出版。）

前文我談「孔子和弟子們的襟懷」，特別推崇孔門的人文精神和仁恕思想。其後瀏覽更多相關資料，覺得意猶未盡。發現孔門儒學之所以能流傳久遠，尤其近世紀來，經過「打倒孔家店」（五四運動前後）和「批孔揚秦」（文化大革命時期）的強烈撞擊，儒家思想依然能在中國、甚至全世界屹立不搖，實在應該還有其他的成就、主張和願景，足為後世所景仰、所崇拜，才會歷兩千年而不衰。

　　孔子的志業可分為三個重點：1.他的授徒、講學，垂範當代和後世。2.他從政的獨特治績。3.他周遊列國的收穫。

一、孔子的治績

　　先談他的治績。孔子以「學者」身分從政，只有短短的六年，即自他五十一歲到五十六歲。根據《史記》的資料，他的主要政治資歷如下：

　　五十一歲，魯定公「以孔子為中都宰，一年，四方皆則之。」「中都」等於現代國家的首都，也就是擔任首都市長。只當了一年，各國都拿他的政績作楷模。其大露頭角是很明顯的。

　　五十二歲至五十五歲，孔子升任司空，再升大司寇，等於主管法政和軍事。他最令各國震驚的事，是他隨侍魯定公和比魯國強大得多的齊景公，作「夾谷之會」。

　　這是一次勢力懸殊的「會盟」，有點像今天的美國總統與一個拉丁美洲小國總統舉行高峰會。較弱小的國家自然占不了便宜。但孔子以他的機智、勇氣、豐富的學修以及對周代禮樂制度的嫻熟，居然迫使齊君

當場把隨行的樂官殺了，使齊景公大失面子。齊君「歸而大恐」，「齊人聞而懼」；諸侯均懾於孔子和魯國的聲威，孔子已經揚名國際了。

五十六歲，魯定公升孔子「由大司寇攝相事」，主持全國的政務，等於今日的宰相。於是孔子大展其抱負：「誅魯國大夫亂政者少正卯，與聞國政三月，粥羔豚者弗飾賈，男女行者別於塗，塗不拾遺。」社會安定，秩序井然，治安極佳，魯國大治。

孔子在短短六年之間使魯國轉危為安、轉弱為強，在列國中放一異彩，他的治績千古傳頌，引為典範。

二、列國對孔子的評價

孔子在魯國主政的成就，引起鄰國的恐慌。最緊張的是緊鄰的齊國。《史記》上有下面的記載。齊人認為孔子在魯當權：「為政必霸，霸則吾地近焉，我之為先併矣。」為了怕被魯國兼併，齊君便利用魯君及極具勢力的大臣季桓子好色的弱點，獻齊國美女八十人給魯君。魯君和季桓子三日不聽政，又開始對孔子冷淡。孔子覺魯國已無法用力，便決定周遊列國，希望在其他國家展布其願景。

須知，春秋時代的各國，都是周天子所封，各國以周天子為共主。國與國之間「車同軌、書同文、人同倫」，沒有十九世紀以來「民族國家」的觀念。一國之民到另一國去做官是很普通的事，當然不會出現「愛國與否」、「非我族類」的爭論。譬如秦國的崛起，就得力於幾位非秦國出生的「客卿」，如商鞅、張儀、呂不韋、李斯等都是。李斯的名著〈諫逐客書〉一文，更是把吸收外國菁英的重要性說得淋漓盡致。由此可知孔子率弟子去周遊各國，的確有如他自己所說的：「沽之哉」的心情。他希望有哪一國的賢君，能重用他自己和他一手培養的青年人才，一展他們的願景和抱負。

孔子周遊列國是當時一項創新。春秋時代凡有才、有學、有力之士，隻身周遊各國，希望得到重用的人很多。而且各國的「豪門」、「貴冑」也有「養士」的風氣。平原、孟嘗、信陵、春申等「四君」，

門下都養有奇才異能之士數百人。可是帶了一大群弟子去拜訪各國的卻以孔子為第一人。

孔子率一大群傑出青年人才拜訪各國，注定了他必定失敗的命運。因為孔子的名氣和鐵腕作風，以及他注重禮儀行事風格，使各國大臣對他都心懷恐懼。當然孔子想去一展身手的地方，必須是有規模的大國，於是他選定衛國和楚國作為目標，進行訪問。下面是他和弟子們的遭遇：

（一）衛國，三進三出

孔子離開魯國後第一站是中原大國的衛國。那時衛國由衛靈公執政，頗有賢名，已在位三十八年，仰慕孔子的大名，立即接談。先問孔子在魯國的待遇，孔子說：「奉粟六萬」（約合二千石糧食）；靈公馬上同意給與同等待遇。但衛國的大臣卻對衛君說：「孔子來到衛國可能不懷好意。他帶來這麼多弟子，人才很盛。萬一他是為了魯國對衛國有什麼企圖，那怎麼辦？」衛君為大臣們的話所惑，於是派了一位近臣名「公孫余假」的監視孔子，出入相隨。「孔子恐獲罪焉」，在衛國住了十個月，只好離開。

孔子從衛國到陳國、匡國和蒲國，都不得意，甚至受到生命威脅，不得已又回到衛國。衛靈公聽說孔子回來，很覺高興，就到郊外去迎接。孔子住在老朋友蘧伯玉大夫家裡。那時衛君有一個得寵的夫人名叫南子。她託人轉告孔子：凡到衛國的各國重要人物，她都希望和他們見面請教。孔子迫於衛君的情面，便決定和南子會面。年長的弟子子路對此很不高興，但孔子還是去了，南子似乎對孔子的印象很不錯，因此衛君和南子出遊時，常常請孔子同行。可是孔子是和太監們坐第二部車；而且衛君又在國家大問題上不接受孔子的建議。孔子「恥之」。

接著衛靈公於執政四十二年後死亡，衛國在南子的操縱下發生嗣君的政爭。「靈公」的孫子即位，是為「出公」。孔子覺得留在衛國已無意義，決定離開，結束了第二次不愉快的三年。

於是孔子想去楚國，卻受阻（見後文），經過宋國受迫害，經過陳國時又有「絕糧」之厄。於是孔子第三次到了衛國，衛出公的政權已告

穩定，頗有意請孔子出仕。但孔子已經六十多歲，衛君終未能重用。這時魯國的定公已死，由哀公即位，受到南方強鄰吳國的軍事侵犯，他很想請孔子和弟子們回祖國共商國是。當政的季康子也表同意，於是備了重禮恭迎孔子和弟子們回魯。孔子結束了十四年周遊列國的生涯，回到自己的國家，時年已六十八歲。

十四年的磨練使孔子對政治的理想和治國的方針有了極其深邃的願景。當魯哀公請教他如何治理國家時，他發表震古鑠今的〈哀公問政篇〉（見《中庸》二十章）。他說：「凡為天下國家有九經，曰：修身也，尊賢也，親親也，敬大臣也，體群臣也，子庶民也，來百工也，柔遠人也，懷諸侯也。修身則道立；尊賢則不惑；親親則諸父昆弟不怨；敬大臣則不眩；體群臣則士之報禮重；子庶民則百姓勸；來百工則財用足；柔遠人則四方歸之；懷諸侯則天下畏之！」對國際關係（懷諸侯）他特別強調「繼絕世，舉廢國，治亂持危，朝聘以時，厚往而薄來。」他治國的九大綱領，極其精闢完備，是中國二千年來包括漢唐盛世遵循的圭臬。記得民國四十年代先總統蔣公在陽明山辦訓練，就非常倡導孔子這篇問政的理念，要求學員們多體會實踐。蔣公治理台灣成為亞洲五龍之一，與孔子這方面的思想有很大的關係。即以今天的國際現勢言，美國能稱霸世界，她在科威特和巴爾幹半島的作為以及全球的美援制度，豈不是「繼絕世，舉廢國，治亂持危，厚往而薄來」嗎？孔子在政治方面的願景和主張，二千年後仍發出耀眼的光芒，漪歟盛哉！

（二）楚國，不得其門而入

孔子第二次離開衛國很想去南方的強國——楚國發展。他先派子貢到楚京見楚昭王，昭王聽說孔子要來很高興，「興師迎孔子」，「將以書社七百里封孔子」。但立即引起當政大臣「令尹子西」的強烈反對。子西是楚君的堂兄；他對昭王說：「王之使諸侯有如子貢者乎？王之輔相有如顏回者乎？王之將率有如子路者乎？王之官尹有如宰予者乎？」楚王都說沒有。於是子西便說：「王若用之，則楚安得世世堂堂方數千

里乎？孔丘如得土壤，賢弟子為佐，非楚之福也。」楚君聽了大臣的讒言，便不敢接納孔子和弟子們一行，不同意他們來楚國京城。孔子不得其門而入，當然很失望，只好離開。所以孔子周遊列國是失敗的，因為他在人才方面太強勢，各國都不敢用他們。其實，孔子在年輕時也有過相同的經驗，那就是在齊國受到排擠。

（三）齊國，受到排擠

孔子到齊國去是他壯年時代，只有三十五歲，遠在他出任魯國中都宰以前。他赴齊國發展是有一番抱負的；因為那時齊景公曾與他多次對談，對他印象很好，「將以尼谿田封孔子」。孔子便去了齊國。但齊國掌權的大臣是有名的政治家晏嬰（字平仲）。晏嬰覺得孔子：「盛容飾，繁登降之禮，趨詳之節，累世不能殫其學，當年不能究其禮……非所以先細民也。」又說他：「倨傲自順，不可以為下；破產厚葬，不可以為俗！遊說乞貸，不可以為國。」總之，他認為孔子講的那一套在齊國不適用。晏嬰是齊國的大臣，也是名臣，齊景公當然只有接受他的建議，便對孔子說：「我老了，不能用你了！」孔子受到排擠，只好回魯國。但他在齊兩年多，當時齊國既強且富，他趁留在齊國的時間，潛心學習齊國禮樂和法制，心得很多，對他日後治魯很有幫助。

孔子在齊、衛、楚三國都無所展布，六十八歲時回到魯國。十四年的周遊列國，很不得志，卻長了很多見識。對人生、對政治、對哲理有了更深刻的體會，於是以餘年從事著作。他最大成就也在他的著述，對後世有極大的影響。那就是二千年不衰的「儒學」。

三、孔子弟子們的成就

太史公司馬遷在《史記》卷六十七〈仲尼弟子列傳〉記載：「孔子曰：受業身通者七十七人。（註）皆異能之士也。德行：顏淵、閔子騫、冉伯牛、仲弓；政事：冉有、季路；言語：宰我、子貢；文

字：子游、子夏。」這就是後世所稱的「四科十賢」。太史公說孔子有門人三千。這麼龐大的學生群是孔子的思想能夠遠播久傳的最大原因。（註：〈孔子世家〉中則說：「身通六藝者七十有二人」。後世以七十二人為正確。）

孔子講學可分為三個時期，第一期是他三十歲前後到三十五歲，只有少數的青年跟隨他。第二期是他從齊國回來以後即自三十八歲到五十一歲正式從政，是他講學的黃金時代。第三期是周遊列國回魯以後，直到死亡。這時候前兩期的學生已各有所成。收的學生屬於孫輩。這一群弟子、門人《史記》中有相當篇幅的記載。先談前面的十位賢人：

1. 政治家兼外交家子貢，即端木賜（言語科）：少孔子三十一歲，很年輕就追隨老師，孔子認為他是「廟堂之材」，是搞政治的高手。因此，齊國田常伐魯，孔子派他去交涉，制止了田常的妄動。又派他遊說吳王，吳王大悅；再要子貢去遊說越王；越王勾踐「除道郊迎」，接受子貢的建議，代表他去訪問晉國，送子貢黃金百鎰，子貢不受。到晉國，請晉王不要興兵與諸侯戰。他的外交才能，太史公歸納為：「子貢一出，存魯，亂齊，破吳，強晉而霸越」，是了不得的外交奇才。受到各國的重用：「常相魯衛，家累千金。」是孔門中最有政治方面的成就者。

2. 宰予，字子我（言語科）：生活不規律，白天好打瞌睡，「利口辯辭」，孔子對他印象不佳。他在擔任齊國臨淄大夫時，參加了田常作亂，被齊君「夷其族」。孔子對這個學生引以為恥。

3. 軍事專家子路，即季路，字仲由（政事科）：少孔子九歲，算是年紀較大弟子之一。子路個性剛直，常常與孔子的意見相左，有勇無謀，孔子預見他「不得好死」（由也不得其死然）。果然，子路先後為蒲國的大夫、衛國大夫和孔悝的邑宰。最後死於孔悝蕢聵之亂。

4. 冉求，字子有（政事科）：少孔子二十九歲；曾為季氏宰，是一位理財專家。孔子說：「千室之邑，百乘之家，求也可使治其賦。」

5. 顏回，字子淵，哲學家（德行科）：沒有做過官，四十一歲就死了，少孔子三十歲。德行學問，孔門稱第一。是孔子學說的傳人。

6. 閔子騫、冉伯牛、冉仲弓三人，都名列「德行」科，也未出仕，以傳孔子之道為職志。

7. 言偃，字子游（文學科）：少孔子四十五歲，是最年輕學生之一。做過「武城宰」，等於今日的縣長，重禮樂，有治績，孔子很讚許他。

8. 卜商，字子夏（文學科）：少孔子四十四歲，繼承孔子的志學，為西河教授，擔任過魏文侯的老師。

以上是孔門「十賢」的經歷。至於其他弟子門人，〈仲尼弟子列傳〉中還列舉了顓孫師（子張）、曾參（子輿）、澹台滅明（子羽）、宓不齊（子賤）、原憲（子思）、公冶長（子長）、南宮括（子容）、公析哀（季次）、曾點（晳）、顏無繇（路）、商瞿（子木）、高柴（子羔）、漆雕開（子開）、公伯繚（子周）、司馬耕（子牛）、樊須（子遲）、有若（子有）、公西赤（子華）、巫馬施（子旗）、梁鱣（叔魚）、顏幸（子柳）、冉孺（子魯）、曹卹（子循）、伯虔（子析）、公孫龍（子石）。

以上三十五人，太史公認為是「顯有年名及受業見於業傳」者，也就是「查有實據」的弟子。另列冉季（子產）等四十二人，是「無年及不見書傳者」，即無文字記載者。本此，孔門七十七人如上述。他們之中出仕者很少，可推測多以傳孔門之學為多。

兩百多年後韓非子在他的〈顯學〉篇中有如下的記載：

「自孔子之死，有子張之儒，有子思之儒，有顏氏之儒，有孟氏之儒，有漆雕氏之儒，有仲良氏之儒，有孫氏之儒，有樂正氏之儒。」

兩百多年後孔門儒家已分成八個派系，其中子張（顓孫師）、子思（孔子的孫兒）、顏回、孟子（子思的弟子）、漆雕氏，是後世很熟悉的孔門傳人。至於仲良、孫氏和樂正三人的資料則未能考證。孔門儒家之學從七十七（或七十二）「弟子」傳給三千「門人」，到漢武帝時，也就是三百多年以後，「定於一尊」，成為中華大帝國思想的主流；當年孔子和他的弟子們的願景與抱負，終告實現。

作為一代哲人與思想家，孔子當已不朽！

中國共產黨崛起，將「中華民國」改成「中華人民共和國」，是現代中國的第三件大事。第一件是孫中山推翻了滿清及五千年帝制，建立民國。第二件是蔣介石平定軍閥，統一全國，打敗日本帝國主義。第三件就是毛澤東取得中國大陸，參加韓戰與美國打個平手。中共在短短的三十年間（一九二一～一九五〇）有如此令全世界刮目相看的成就，這個黨的領導班子自然是一批中國的菁英，值得重視。他們的感情世界如何？更應該瞭解！

一般人的刻板印象，以為中國共產黨是由一批「粗人」領導，大致類似《水滸傳》中那些英雄好漢，不學無術，只有一股「造反」的蠻勁。這種看法是非常誤導的！因為中共崛起是一群知識分子所帶動的。其領導階層都是受過高等教育的青年，還有若干人是留學生。他們的國學基礎都不差，所以在艱辛的革命或「打天下」的漫長過程中，以及「得天下」後的人事傾軋中，留下了很豐富的詩詞，由後人去欣賞、憑弔。

這群中共領導人之間以及他們與其「對手」或「敵人」之間的恩怨情仇，可以分成三階段來研討。

第一階段：絕對弱勢的悲壯犧牲
（一九二一～一九三一）

中國共產黨成立於民國十年（一九二一）的上海，第一次全國代表大會只有幾十個人參加，但他們是菁英中的菁英，是對共產主義有「幻

想」、對中國前途有「理想」的青年人。他們是一批滿腔熱血的年輕知識分子。那時，軍閥割據，民生疾苦，中國國民黨還沒有改造，北伐也沒有開始，他們覺得有採取俄國大革命的模式來改造中國的必要！他們受陳獨秀、李大釗等共產主義者的影響參加中國共產黨。其激烈且與中國傳統文化極不相容的思想與行為，立刻受到現實政治與社會力量的排斥和重大打擊。

從一九二一年建黨，到一九三一年在贛南建立「中華蘇維埃共和國」，十年之間，中共黨人的犧牲很重，從下面幾位的詩詞中可以想見他們的心情：

(一) 李大釗：一八八九～一九二七，他是創黨人之一，與陳獨秀齊名；留學日本，餞別友人於東京「風雨樓」，即席賦詩一首，可見他當時的情懷：

> 壯別天涯未許愁，盡將離恨付東流。
> 何當痛飲黃龍府，高築神州風雨樓。

「痛飲黃龍」就是要推翻當時政府的意思。中共成立後，因他是河北省人，負責「北方區」黨務，一九二七年事洩，四月六日被北洋政府逮捕後槍決，壯烈成仁。

(二) 楊超：一九〇四～一九二七；江西人，一九二五年入共黨時是北京大學的一名學生。奉命任江西省特派員，事洩就義，作〈就義詩〉，時年二十三歲而已。

> 滿天風雨滿天愁，革命何須怕斷頭？
> 留得子胥豪氣在，三年歸報楚王仇！

(三) 夏明翰：一九〇〇～一九二八；湖南人。在湖南發動共黨組織被捕，於行刑前作了下面這首有氣勢的白話詩：

砍頭不要緊，只要主義真。

殺了夏明翰，還有後來人。

(四) 惲代英：一八九五～一九三一；是早期的共產黨人；有文才，擔任過黃埔軍校的政治總教官。寧漢分裂後他參加過共產黨發動的南昌起義。一九三〇年在上海被捕，次年四月遭處決。他在獄中作了下面的詩：

浪跡江湖憶舊遊，故人生死各千秋。

已擯憂患尋常事，留得豪情作楚囚。

中共在贛南建立政府以前，共產黨人在中國各地「起義」（政府名之為「暴動」），因而被捕、被殺者難以數計。

以上四人僅是典型人物。他們的犧牲是相當壯烈的，也為未來共產黨絕不與國民黨真心妥協或合作的根源。站在中共的立場言，他們是「烈士」是「先烈」；站在國民黨的立場言，他們是「叛徒」是「亂黨」。「成王敗寇」這些犧牲只有靠歷史家去評論了。

第二階段：兩軍對抗中的離合情懷
（一九三一～一九五〇）

一九三一年十一月七日毛澤東和他的同志們，在江西瑞金宣布成立「中華蘇維埃共和國」。選的吉日正是十四年前蘇俄二次革命成功之日。此後二十年，中共歷經放棄贛南基地的「二萬五千里長征」（國民政府稱之為「流竄」），陝西延安苦撐，西安事變，國共第二、三次和談。中共終於大敗國民政府，取得全中國大陸的統治權，留下台灣這局殘棋。真是「倒啃甘蔗」，苦盡甘來！

此二十年間，共黨領導人有很多宣洩感情的作品，其中以毛澤東那首〈沁園春〉最為世人所知。但他在這個階段中，有幾首具有歷史意義的詩詞：

(一) 一九二八年秋，盤踞井岡老巢，填〈西江月〉乙首：

> 山下旌旗在望，山頭鼓角相聞。
> 敵軍圍困萬千重，我自巋然不動。（下略）

國民政府的軍隊多次進攻都沒能攻下井岡山，他是值得驕傲的。

(二) 一九三四年～一九三五年：

　　可是經過國軍五次圍剿之後，毛澤東不得不放棄井岡山的基業，突圍而作二萬五千里的長征壯舉。經過一年多的苦戰和逃避，出發時有十萬人，到達延安只剩下七千多人，真是很慘重而悲壯的犧牲。毛先生特別作了一首七律以紀其事：

> 紅軍不怕遠征難，萬水千山只等閒。
> 五嶺逶迤騰細浪，烏蒙磅礴走泥丸。
> 金沙水拍雲崖暖，大渡橋橫鐵索寒。
> 更喜岷山千里雪，三軍過後盡開顏。

二萬五千里是極其艱巨的考驗，毛澤東終於熬過來了。雖然損失極其慘重，但他在中途貴州遵義的「貓兒蓋會議」中，正式取得中國共產黨的領導權，是一件很重要的收穫。

(三) 一九四五年決定性的勝利：

　　「大難不死，必有後福」，一九四九年四月下旬，共軍占領南京，他以七律一首以紀其盛，其得意之情溢於言表：

> 鍾山風雨起蒼黃，百萬雄師過大江，
> 虎踞龍盤今勝昔，天翻地覆慨而慷。
> 宜將剩勇追窮寇，不可沽名學霸王。
> 天若有情天亦老，人間正道是滄桑。

一九五〇年十月一日中共建政，改國號為「中華人民共和國」，是第三階段的開始。

第三階段：血雨腥風的「運動」
——民窮財盡‧眾叛親離

一九五〇年十月一日「中華人民共和國」在北京正式成立。共產黨統治中國的理想終告實現。毛澤東的追隨者們自然覺得革命已經成功，從此可以過好日子了。可是他們不知道「毛大舵手」的心志，要大搞他自己認定的真正共產主義。於是在搞「三反五反」、「大鳴大放」兩大運動，血流成河，消滅他所謂「無產階級敵人」之後，從一九五八年起發動「三面紅旗」、「大躍進」；以建立人民公社、大煉鋼和土洋並舉為目標，極端的「左傾冒進」，搞得全國人民雞飛狗跳，亂成一團。毛的救命恩人、援韓軍總司令、紅軍英雄彭德懷元帥親赴全國基層作實地考察。完畢後在「廬山會議」中提出報告，對「人民公社」和「大躍進」所造成的重大損害，坦率批評，堅決建議應該停止；獲得絕大多數代表的贊成，卻開罪了毛澤東；最後被毛貶到「北大荒」，擔任一個小農場的場主，受盡折磨，客死黑龍江畔。他臨死前出了一本《自述》，一字一淚，出版數萬冊，即被搶購一空。時任淮陽教育學院的王洪明教授大受感動，作了兩首感懷詩，道出了十億人民的心聲，傳誦一時。詩曰：

遍地高爐[3]烈火熊，砸鍋砍樹鬧哄哄[4]。
衛星[5]過後哀鴻泣，躍進[6]聲中國庫空。

---

[3] 大煉鋼建「土高爐」。
[4] 砍森林樹木做煉鋼的燃料，拿做菜的鍋打碎做煉鋼的原料，煉鋼只煉出廢鐵，極其可笑。
[5] 「衛星」是大躍進時，謊報工、農生產成果，造成三年大饑荒，死七百萬工人和農人。
[6] 「躍進」即「大躍進」運動。

十萬言書滲血淚，八千里路謫荊從。
供詞[7]今日成瑰寶，百世誰人不念公？

為民請命見崢嶸，慷慨陳詞秉大公。
不懼漫天飛棍棒，甘拋紗帽報工農。
眼前爝火光侵暗[8]，心底豐碑彩益濃。
重印琅環百萬卷，英雄長在水長東。

這兩首詩，明為頌揚彭德懷對毛澤東「大躍進」的批評，實則為對「人民公社」、「大煉鋼」等運動失敗的控訴，為難得一見的良心佳作。

至於對「無人性」、「血跡斑斑」的「文化大革命」提出控訴和痛斥的詩詞就更多了。例如老共產黨員、作家、為共黨在文化界出過死力的蕭軍，文革時期備受迫害，他被抄家入獄，作〈聞家中被抄〉一詩：

家破人離燕覆巢，漫漫長夜坐迢迢。
難分石玉崑崙火，一混魚龍怒海潮。
信許丹心託日月，敢將四體試兵刀。
蟲沙劫歷般般在，生死榮枯余弁髦。

這種被紅衛兵鬥爭的慘狀，他也許悔不當初為老毛出力賣命了！

中共主政後曾炫赫一時的陶鑄，曾任國務院副總理及中央政治局常委，在文化大革命時遭迫害致死；留〈卍字廊〉詩一首，對自己含冤受辱描寫得入骨三分：

（上略）
漢家獄辱周何怨[9]，宋室廷刑岳慨承[10]。
人世煩冤終不免，求仁奚用為身名。

---

[7] 供詞是彭德懷被毛澤東鬥垮之貶謫後的萬言書。
[8] 爝火，火炬也；語見《莊子》：日月出，而爝火不息。
[9] 漢朝名臣周勃受冤故事。
[10] 指岳飛因莫須有冤死。

文革大難時期的詩詞很多。我認為浙江人文史工作者富壽蓀先生寫的〈書恨〉一首五律，最為傳神及寫實：

> 痛抱明時恨，難消刻骨悲。淚枯巾有血，愁極髮如絲。
> 羅織知何罪，讒誣竟有辭！真成三字獄[11]，空賦七哀詩。

　　這首成於一九六八年，即文革開始第三年。整個大陸陷於血雨腥風、毫無人性與正義的慘鬥中。除了毛澤東和他的幾個同路人，所有共產黨高幹、知識分子，人人自危。國家主席劉少奇被誣為「國民黨特務」，冤死獄中。他的妻子王光美被整得不成人形。受不了凌辱和誣陷者採自殺之路多至百萬人，真是全中國的浩劫！

　　原與毛主席聯手迫害人民的林彪副主席，雖被毛欽定為「最親密的戰友」和憲法規定的「接班人」，也對毛極其反感，陰謀用飛機炸死老毛。不幸事敗，駕飛機逃往蘇聯。因油料不足，飛機墜毀外蒙古！毛澤東對此事還做了一首自鳴得意的〈嘲林彪〉：

> 群山萬壑赴荊門，生長林彪尚有村。
> 一去紫台連朔漠，獨留青塚向黃昏！

連他指定的接班人都要殺他，可見文化大革命所造成的血債與民怨，真是眾叛親離，把他一世梟雄之名，更淪為殺人魔王！難怪他死後，立刻被鄧小平清算，只好拿毛的枕邊人江青出氣，被判死刑，緩刑二年。結果江青在獄上吊自殺，或可勉強補償文革十年血債於萬一吧！

　　毛死後，中共舉行黨代表大會，元老葉劍英元帥應邀對毛的一生作總結；他說：「毛澤東同志建國有功，大躍進有過，文化大革命有罪！」可說是相當持平之論。毛澤東是一部中國共產黨歷史的縮影。他

---

[11] 三字獄即「莫須有」三字。

的詩詞代表了中共三個時期的特色。而他自己以被評「有罪」結束。可見歷史是不饒人的，值得兩岸當政者深省！

以上各段，簡述中共從建黨到文革結束約半個世紀中的重要感情文字，是以毛澤東為重心的。但共產黨人能詩能詞者不乏其人，他們文學方面的光芒全被毛所掩蓋，卻有很多佳作值得摘要介紹。

一、朱德

最令我驚訝的是眾皆視為「老粗」的朱德；他一直是紅軍的領導人，對毛澤東忠誠不二，做到了「黨指揮槍」的理想，他的詩雖然不及毛那樣浪漫狂放，卻很有感情，具高度的人性韻味。下面的幾首可見其梗概：

〈悼亡〉是紀念他元配妻子之作，共七首，僅錄其三：

> 草草姻緣結亂年，不堪回首失嬋娟。
> 槍林彈雨生涯裡，是否憂驚避九泉？
>
> 贊我軍機到五更，雙瞳秋水伴天明。
> 每當察覺憂戎事，低語安心尚憶卿。
>
> 每次出師感贈行，凱歌歸日更多情。
> 從今不再題紅葉，除卻巫山不是雲。

這三首完全充滿了兒女之情與悼亡之痛，真不像出自大老粗「朱老總」的心底！

朱德與另一位豪放的紅軍大將陳毅有深厚的友誼；朱六十大壽時，陳贈詩祝賀，時為一九四六年，抗戰剛剛勝利，中共尚未成功！

> 高峰泰岳萬山從，大海盛德在能容。
> 服務人民三十載，七旬會見九州同。

朱德特和陳一首詩以示感謝：

> 南征大將風雲從，萬戶千門盡改容。
> 民主高潮隨捷湧，工農併起美歐同。

其實早在一九四一年陳毅代理新四軍軍長時，朱德就對他很欣賞，曾贈詩一首以示激勵：

> 江南轉戰又江東，大將年年建大功。
> 家國危亡看子弟，河山欲碎見英雄。
> 盡收勇士歸麾下，壓倒倭兒入籠中。
> 救世奇勳誰與識？鴻溝再劃古今同。

朱德對陳毅的才華和治軍能力極其讚許，認為陳是「英雄」，能立「救世奇勳」。果然陳不負所望，六年之後陳就成為「華東野戰軍」司令員兼政委，一九五〇年成為「上海征服者」，任上海市長多年，紅極一時。後為毛澤東所忌，下面有更多的報導。

陳毅對朱德也深切瞭解，覺得朱有「大海能容的盛德」，才能久居領導高位。朱在中共建黨四十週年時做了一首詩，可見他的自我期許：

> 工農有黨氣掀天，戰鬥曾經四十年。
> 三座大山齊推倒[12]，兩重革命一肩擔[13]。

從上面幾首詩中可以看出朱德的兒女情長，友情豐沛，和對共產主義的忠誠。他的詩是很有感情的！作為一個純粹軍人，一生戎馬，他有這樣的情懷，的確是難得的！

---

[12] 三座大山指帝國主義、封建主義，和官僚資本主義。
[13] 兩重革命指新民主主義革命、社會主義革命。

二、陳毅

陳毅是中共人物中很突出的一位。他集軍事、政治、外交三大專才於一身，解放亞洲第一大都市上海後，成為首任市長，以後又當過中央軍委會副主席、國務院副總理兼外交部長，紅極一時。詩也做得好，因不為毛澤東所喜，幸得朱德等緩頰未遭鬥爭，但晚年並不快樂，從他的詩可看出來。他死後毛差一點都沒去祭悼。毛的忌才，由此可知。

大陸文學界評定他是真正的詩人，因為他的古詩和白話詩都做得極好，生動、有情感。任上海市長時，和當時紅得發紫的女電影明星某女士打得火熱，使毛大為眼紅！

早在他青年時代，就學北京「中法大學」，讀到法國詩人拉馬丁的《默想集》，作了一首新詩感懷。其中一段如左：

> 一盞燈，一卷詩。屋小，人靜，我低徊幽唱，
> 晤對著法國詩人。多情的拉馬丁喲，可憐你，苦惱的一生！

短短的幾句，就可概見他詩人氣質。其後他參加共產黨成為軍人，與朱德發動了「八一」南昌起義，毛自贛南遷延安，他奉命留在老巢，艱苦備嘗。

他做了一系列〈贛南游擊詞〉，共十二首；調寄〈憶江南〉。錄其中三首，可見其艱苦之情：

> 天將午，飢腸響如鼓。
> 糧食封鎖已三月，囊中存米清可數。
> 野菜和水煮。
>
> 夜難行，淫雨苦兼旬。
> 野營已自無篷帳，大樹遮身待曉明。
> 幾番夢不成。

嘆缺糧，三月肉不嘗。

夏吃楊梅冬剝筍，獵取野豬遍山忙，

捉蛇二更長。

到了一九三七年八月，國共二次合作，抗日軍興，他作詩感嘆，充滿感情：

十年戰爭後，國共合作又。回念舊時人，潸然淚沾袖。

陳毅和他的夫人張茜女士是相當恩愛的一對。他一九四三年十一月奉毛澤東的命令由江蘇淮安、新四軍根據地赴延安，出席中共第七次全國代表大會，那時日寇尚在掙扎，國共兩軍也不相容，一共往走了四個多月才到達。一九四四年二月，他寫了一首〈寄內〉的七絕，充滿了柔情：

地凍天寒西北行，山川遙共客心深。

最是荒村風雪夜，思君吟詠到天明。

一九五〇年中共建政，陳毅以華東野戰軍司員占領上海，成為市長；因受東北「高饒事件」的影響，一九五四年調至北京任外交部長，仍流言不斷；幸周恩來、朱德等呵護，未被清算。但他甚覺委屈，又不便直言。在他一九五四年〈感事述懷〉的四首詩中，有下面的「牢騷」；那年他被調離上海，備受流言攻擊：

吁嗟我與汝，滄海之一粟。慎之又再慎，謙遜以自束。（見〈五古〉）

每愧過失多，晚節自珍惜。（見〈自敘〉）

手莫伸，伸手必被捉，九牛一毫莫自誇，驕傲自滿必翻車。（見〈手莫伸〉）

一九六四年他六十三歲，作〈生日述懷〉長詩，對自己做了無可奈何的檢討，錄其中幾句，可知他的心境：

> 五次大革命，一個跟隊人。……一喜有錯誤，痛改便光明。
> 一喜得幫助，周圍是友情。……有時難忍耐，猝然發雷霆。
> ……中夜嘗自省，悔愧難自文。還是鼓勇氣，改正再前行。

陳毅是中共人物中，雖一再受批評卻得了善終，沒被鬥爭致死的人。從他的這首〈述懷〉中，可見他的委屈求全。

綜觀陳大元帥一生，真有如洗三溫暖；為了替中共打江山，他艱苦備嘗；成功之後一度炫赫，但其後功高震主，經常要自我批評檢討，不為毛澤東所喜，戰戰兢兢度過晚年。也算得是一個悲劇的英雄吧！

三、魯迅、周恩來及其他

（一）魯迅

中共的文化泰斗周樹人（筆名魯迅）作的文章和詩很多，大半有諷刺性，他的《阿Q正傳》是經典之作。古詩做得極好，最為中共傳誦是下面〈自嘲〉一首七律：

> 遠交華蓋欲何求？未敢翻身已破頭。
> 破帽遮顏過鬧市，漏船載酒泛中流。
> 橫眉冷對千夫指，俯首甘為孺子牛。
> 躲進小樓成一統，管他冬夏與春秋。

魯迅的批判性和叛逆性，在中共革命期間是備受推崇的。幸而他死在中共專政以前（一九三六），如果他活到文革期間（一九六六～七六），也很可能如蕭軍等文化人，會受到毛的批鬥。他為中共所傳誦的「橫眉冷對千夫指」正是與文革精神完全相衝突的。

（二）周恩來

周恩來是一個很小心的人，極少作詩。他青年時期作了一首〈大江歌罷掉頭東〉的感懷詩，可見他當時的志氣：

大江歌罷掉頭東，邃密群科濟世窮。
面壁十年圖破壁，難酬蹈海亦英雄。

（三）劉伯承

至於純軍人，「獨眼龍」元帥劉伯承則完全是軍人本色。民國三十六年六月，他在山東西南的「羊山集」打了一個勝仗。志得意滿，作了一首〈記戰鬥〉的七絕：

狼山戰捷復羊山，炮火雷鳴煙霧間。
千萬居民齊拍手，欣看子弟奪城關。

詩作得並不怎樣，軍人的豪氣是有一點的。

（四）葉劍英、董必武

很值得注意共黨人物的愛恨情仇，在陳毅和林彪兩人的身上表現無遺。林彪反毛，殺毛未成，成為黨人臭罵的對象。陳毅功高震主被毛一再批判，很多人為他抱屈。前面已介紹過毛諷林的詩以及朱德慰陳的詩。但中共兩位元老，代表過中共出席一九四五年舊金山聯合國大會的董必武，屬中共元老之一；和一九四六年抗日戰爭勝利後，馬歇爾將軍到南京調停「國共戰爭」，共方首席代表周恩來的副手葉劍英，解放後升為元帥，他們對林、陳二人也有幾首有意義的詩。

關於斥林彪：

董必武：〈觀墜機中屍影〉

平生自詡是天才，也把天才獎婦孩。
三個天才[14]天不佑，竊機投敵毀成灰。

葉劍英：〈斥林彪〉

鐵鳥南飛叛未成，廬山終古顯威靈[15]。
倉皇北竄埋沙磧[16]，地下應慚漢李陵。

關於慰挽陳毅：
董必武：〈挽陳毅同志〉；一九七二年一月：

聞君病重久，欲探未成行。憶昔比鄰住，曾為倒屣迎。
閭閭談國事，了了述邊情。棟折吾憂壓，伊誰繼直聲？

葉劍英：〈慰陳毅同志〉；一九七一年十二月：

斯人有斯疾，聞道可聞禪。信回天有力，前路共巨艱。

又〈悼陳毅同志〉；一九七二年一月：

鬼蜮含沙射，元良息仔肩。兒曹當鶴立，接力競無前。

從上面這幾首詩可以更清楚看出來下面幾點：
1.林彪背叛毛澤東是大家痛心的事；
2.陳毅被毛打擊，都為他抱不平。

---

14 三個天才指林、林妻及林子。
15 一九七〇年八月中共的九屆中全會在廬山開會，林彪發動反革命政變未遂。
16 一九七一年九月八日發動軍事政變，陰謀暴露，與妻、子駕機逃蘇聯。油盡，墜機摔死在外蒙古溫都爾汗沙漠。

中共人物能詩的人不計其數。上面選出的多首中，都是中央最高層的領導人物，在他們一生中有對先烈的懷念，有對文革的悲嘆，有對毛、林鬥爭的心傷，有對陳毅受誣的不平。中共建黨建政的半個世紀當中，波瀾迭起，鬥爭不斷，但人性獨存。這或可能解釋為什麼毛澤東死後，毛妻江青領導的「四人幫」被摧毀。鄧小平繼起，採行改革開放的「資本主義路線」，獲得巨大成就的原因，是人性被壓抑太久後的大爆發！從他們的詩詞中，可看出中國文化的力量，即使經毛澤東多次發起反人性的清算、鬥爭慘烈的各次「運動」，依舊不能消滅！根據人性發出來的詩詞，就是最好的證明！因為詩詞正是人們真性情的表現，即使在共產主義嚴酷的教條下，也是永遠不能磨滅的！今天台灣有人搞「去中國化」，從上面的事實中，應該得到一定的教訓。

華夏一百六十年指標人物心態管窺

——滿清「中興」時代的代表：曾國藩、左宗棠

壹、楔子

　　炎黃子孫在中國大地立國五千多年，堂堂華夏，人才輩出！可歌可泣的事蹟，驚天動地的變遷，史不絕書。其最能令後世子孫，甚至全球人類驚心動魄者，卻莫過於近世一百六十年（一八四○～二○○○）間的政治劇變！廣西鄉下的秀才居然打起上帝的名號起義，倒被「孔家店」的傳人手無縛雞之力的「聖人」消滅。「百日維新」的兩位「君子」，在皇帝全力支持之下，敵不過風燭殘年的「老太后」。五千年的封建制度可以被推翻，真正的民主政治反無法建立。日本帝國主義者可以打敗，迫使其「無條件投降」，共產主義的狂焰卻無力遏止。奪權為主的「文化大革命」把十億人搞得一窮二白，要靠「修正主義」的改革開放來恢復元氣！一個半世紀血淋淋的衝突矛盾和天翻地覆的變革，究竟是「誰主浮沉」？

　　本文要描述一百六十年來華夏指標人物的心態和他們的人生際遇、感情世界。可是誰算得上是這個大時代的「指標人物」呢？可圈可點的人實在太多了。經過作者一再思考，精挑細選，決定下面十位人物真正具有各個不同時代的指標性。

　　公元一八四○年列強用兵船大砲敲開了中華老大帝國的大門，從此兵禍連接，莽莽大地永無寧日。到今天海峽兩岸仍然相互對峙。哪些高大的身影籠罩這塊一千萬平方公里的土地？受到萬民歌頌或痛罵呢？我認為下面五組、十位人物有此資格：

　　第一組：滿清「中興」時代的代表：曾國藩、左宗棠。

　　第二組：戊戌政變、百日維新的靈魂：康有為、梁啟超。

　　第三組：締造民國、堅持共和的黃興、蔡鍔。

第四組：中華民國的守護者：孫中山、蔣介石。

第五組：用共產主義橫掃全國的毛澤東、鄧小平。

當然，這一個半世紀中的頂尖人物絕不止這十位，但具有時代「指標性」卻非他們十位莫屬！

最值得注意的是，這十位大人物雖然在極不相同的時空出現，卻也有極其相同的地方：

第一，他們全都是長江流域或長江以南地區的人，一個黃河流域（或俗稱「北方人」）的人都沒有，足見華夏人才的重心，自十九世紀起即已南移。其原因：中國的經濟重心已由北向南。南方的家庭對子弟的培養已遠遠超過北方。（十人中，五人屬湖南，三人隸廣東，四川、浙江各一。）

第二，他們沒有一人是出身顯赫的家庭或士族；全部都是小康之家、甚至是半自耕農的子弟。從基層奮鬥出來，擁有豐富的人生體驗，容易與群眾打成一片。

第三，他們都受過傳統儒家思想的薰陶，對中國文化有很深的造詣，以天下、國家為己任，即使毛澤東的叛逆性，但從他的詩詞中仍不難嗅出濃厚的「中國味」。

第四，也是最重要的發現：從曾國藩到鄧小平（胡錦濤），雖歷經改朝換代，政治制度由君主到保皇、到民國、到共產，「禮義廉恥」的精神一再在華夏大地上受打壓後抬頭。近年，中共總書記胡錦濤揭櫫的「八榮八恥」[17]，彷彿應該是出自曾國藩之口，也和國民黨的黨員十二守則相似，豈不令人驚嘆！

這樣看來，中國人總是中國人，無論政治人物如何表演，最後還是要回歸到華夏文化的傳統！明乎此，我們來檢視這十位指標人物的心態和感情，才不會有太大的偏差與失誤。

---

[17] 胡的「八榮八恥」：以熱愛祖國為榮，以危害祖國為恥；以服務人民為榮，以背叛人民為恥；以團結互助為榮，以損人利己為恥；以崇尚科學為榮，以愚昧無知為恥；以辛勤勞動為榮，以好逸惡勞為恥；以誠實守信為榮，以見利忘義為恥；以遵紀守法為榮，以違法亂紀為恥；以艱苦奮鬥為榮，以驕奢淫逸為恥。

貳、「聖人」曾國藩「剃頭」

曾國藩（一八一一～一八七二）生於清嘉慶十六年湖南省湘鄉縣的一農村家庭。父親曾麟書，號竹亭，因應科舉考試失敗，開館授課，是一個知識分子，卻守著一份祖產，半耕半讀，終身以培養其兒子為職志。他有一副著名的對聯：

> 有子孫、有田園，家風半讀半耕，但以箕裘承祖澤；
> 無官守、無言責，世事不聞不問，且將艱鉅付兒曹。

曾國藩在四十四歲時，功成名就，特親筆書寫此聯掛在家中，以資紀念。

一、曾國藩歷史地位的爭議

曾國藩從清末民初到共黨當國，曾經是一位最具爭議性的人物，因為他和他的朋友僚屬保住了滿清的江山，居清代中興「四大名臣」之首：即曾（國藩）、左（宗棠）、彭（玉麟）、胡（林翼）。消滅了由漢人洪秀全領導的反清勢力，打敗了洪所領導的「太平天國」。後世許多名人、要人批評他違背了「民族大義」，是滿人的幫兇。其中斥責最嚴厲者應推國學大師章炳麟；他在所著《檢論》雜誌中說：「曾國藩者譽之則為聖相，毀之則為元兇；其家人猶曰：吾祖民賊！悲夫，雖孝子慈孫百世不能改也！」其後國民黨和共產黨，在革命期間都對曾有很負面的批評！

可是時間一久，由「革命者」成為「當政者」，國共兩黨領導人對曾卻另有正面評價。國民黨的蔣介石總裁對曾到了崇拜的程度。他在黃埔建軍就極其推崇《曾胡治兵語錄》。到台灣來

▲ 曾國藩

以後，他在陽明山辦幹部訓練二十多年，歷次講話中對曾國藩的思想言行也是推崇備至。作者曾三上陽明山受訓，每次蔣先生訓話，多多少少會提到曾文正公的治國、治軍、治學、修身、治家種種嘉言懿行，認為曾是現代人的模範。他對曾家的嫡曾孫——曾寶蓀、曾約農姊弟更是大力提攜，寶蓀女士出任國民大會議長，約農則是東海大學首任校長，也是他的私人英文祕書。（蔣對文正公的推崇，在後文論蔣時再詳述。）

為什麼蔣先生對文正公如此的崇敬？我揣想他認定曾所領導的湘軍，其所以能擊敗「太平軍」（又稱「洪楊」），主要在於曾的政略正確。洪秀全起義，其〈檄文〉中強調民族大義，要漢族人起來驅逐滿族人；其言曰：

> 夫天下者，中國之天下，非滿洲之天下也……滿洲肆逆，乘釁竊入中國……迄今二百餘年，濁亂中國……而中國以六合之大……一任其胡行……中國尚謂有人乎……胡罪貫盈，皇天震怒……務期肅清胡氣，同享太平之樂！

這種站在民族立場，推翻異族統治的主張是非常有煽動力、極難破解的！但曾國藩卻高舉中華傳統文化的大旗，對洪楊破壞名教，不顧人倫道義，毀棄神廟，辱及鬼神，大加撻伐！更以儒家思想，抵抗「洪楊」的天主理論，呼籲知識分子起來維護中國的文化傳統。在他的〈討粵匪檄〉中有如下精闢之句：

> 士不能誦孔子之經……舉中國數千年禮義人倫，詩書典則，一旦掃地蕩盡……乃開闢以來，名教之奇變……粵匪焚郴州之學宮……嗣是所過，郡縣先燬廟宇……以至佛寺道院，城隍社壇，無廟不焚，無像不滅……不特為百萬生靈報枉殺之仇，而且為上下神祇雪被辱之憾……上有明……實鑑吾心……

在曾國藩的時代，知識分子和一般民眾，都是崇拜孔孟和關公岳飛的，他的檄文一出，淡化了民族仇恨，激起了守護傳統文化的熱

情。近代歷史學家蕭一山教授，在他的名著《曾國藩傳》中有如下的
結論：

> 無怪乎「人懷忠憤，如報私仇；千磨百折，有進不休」了。洪秀
> 全雖不是純粹的宗教革命，而曾國藩卻是為宗教而戰，好像歐洲
> 的十字軍。

曾國藩能激動民憤，把滿、漢不平等放在一邊，群起捍衛傳統文化和宗
教民俗，終獲勝利，蕭氏的看法應當很正確的！我想這也是蔣公崇拜
文正公的根源；尤其當國共作生死存亡之爭時，蔣先生拿以中國文化為
本的三民主義去對抗以鬥爭為主的共產主義，不正是曾、洪爭鬥的翻版
嗎？這也許可以解釋為什麼以三民主義為本的中華民國，終能偏安一
隅；而改革開放後的中共，也回歸到中華文化的道路上來！

　　至於中國共產黨對曾看法的轉變，雖為時已久，但最近幾年才特
別鮮明。改革開放後，大陸學術界興起了對曾國藩研究的熱潮，在湖南
省尤其火紅！一九九五年湖南幾所教育與學術單位，舉辦了一次大型的
「曾國藩學術研討會」，出版了許多中共革命建國初期查禁的曾氏著
作，到了二○○○年十一月有兩本重要的書出版了：一本是作家田澍著
的《曾國藩與湖湘文化》；另一本是湖南師範大學教授、博士生導師彭
大成所著《湖湘文化與毛澤東》。把這兩書合併研讀，可得到下面的
結語：

1. 毛澤東與曾國藩相同，都是湖湘文化的繼承者和發揚者。
2. 湖湘文化是從宋朝的周敦頤（一○一六～一○七三）、張栻
   （一一三三～一一八○），至清朝的王船山（一六一九～
   一六九二）、曾國藩（一八一一～一八七二）、譚嗣同
   （一八六五～一八九八），到民國的楊昌濟（一八七一～一九二
   ○）、毛澤東（一八九三～一九七六）是一脈相承的。（楊是毛
   的老師）
3. 毛澤東在青年時代對曾國藩極其崇拜。

五十年前，中共領導人之一王明，認為只有「共產黨的敵人──蔣介石才會敬佩曾國藩」。他哪裡知道，毛死後三十年毛竟成為曾的傳人！這真是很諷刺的事，也應該是中共對曾國藩的「平反」吧！

基於上列的論述，曾國藩的歷史地位在國共兩方面都已屹立不搖！蓋棺一百三十多年後終告定論；曾在九泉之下應可含笑。

二、曾國藩的「內聖」「外王」志業

中國傳統思想中的「偉人」是應「才德兼備」的，既有崇高的修養和人格，足為世人的師表；又有輝煌的事業，真正做到了利國濟民。這就是所謂「內聖、外王」；內是修己，外是治人；二者都表現卓越，才算得是「完人」！五千年來，具有這種風範的人物，屈指可數。從周公旦、諸葛亮以降，恐怕只有曾國藩了！

曾的得意門生李鴻章對文正公有如下的讚語：「公為學研究義理、精通訓詁；為文效法韓、歐，而輔益之以漢賦之氣體。其學問宗旨，以禮為歸。」其實文正公由俗學而文字學，由文學而理學，由理學而小學，他都下過苦功，在理學方面更是一代宗師，為當代儒生所景仰！不僅學問好，他更能身體力行，躬行實踐，言行合一，無論修身、治家、為學、從政，他的勤勞、樸實、誠摯、忠信，都令所有的人欽佩！高尚的道德修養，是他「內聖」修持表現的志節。這種聖者的修為一般讀書人已難做到，而對「一人之下萬人之上」的封疆大吏，位居宰輔的人更是苛求！曾國藩之所以不同凡響，為千年來第一人，他的內聖志業說明了他確非「誤得虛名」！

至於他的「外王」事業更是了不得！他在太平天國最旺盛的時期，奉命回故鄉湖南辦「團練」，也就是召募鄉下人來當兵，沒有正規的名分，團練也沒有正規軍隊的地位。僅以一介書生的立場，號召鄉人來和洪秀全對抗；真正難上加難。而他卻能排除了萬難，經過十二年的苦戰，歷盡艱辛，兩次自殺，忍辱止謗，終能克服橫行長江以南洪楊強敵，使接近崩敗的清廷安定下來。其後又以近十年的功夫，平定黃河流

域大肆流竄的東、西「捻軍」。真是功勳彪炳，在清朝二百多年的歷史裡，應居首功！

但專權的慈禧太后對他是有忌憚的。據市井傳言：慈禧在接到他光復「天京」（即南京）後（一八六四），脫口而出說了一句話：「唉！去了一個洪秀全，來了一個曾國藩。」事實上，曾的蓋世功勳清廷對他並沒給應有的、成比例的勳獎。他只封了一個「侯爵」，連「公爵」都沒有。官職方面於平定洪楊後有如下的任命：

同治六年（一八六七）正月接兩江總督、通商事務大臣關防及兩淮鹽政印信，五月授「體仁閣大學士」，仍留兩江總督任內。

同治七年（一八六八）四月授武英殿大學士，七月調直隸總督。

同治九年（一八七〇）八月回任兩江總督，十一月兼通商事務大臣。

同治十一年（一八七二）二月四日卒於京兩江總督任所，享年六十二歲。

表面看起來，他是「出將入相」位極人臣；實際上他並沒有參與國家最高決策，只是慈禧一顆重要的棋子，平定了清廷的兩大心腹之患（洪楊和捻軍），官職在八年之內（一八六四～七二）是由兩江總督調回兩江總督，真是情何以堪！據史料記載：曾國藩只有一次被視為漢族諸臣之首，那就是同治八年（一八六九）正月十六日他奉旨赴「乾清宮」之宴，特別把他和滿族首臣倭仁對坐於同治皇帝席前，如此而已！

當然，一個人的外王事業並不一定是以他的官位大小為標準的，而是他的事業、功勳和對國家及人民的貢獻！他一手平定了清廷的兩大內亂，拯斯民於水火。而且為官清廉、正直。有成績。又提拔了無數賢才，為滿清政府延長了半世紀的生命，算得是一代奇才，在清朝二百多年的歷史裡，沒有任何人在內聖（個人修養和學問）和外王（對國家和社會的貢獻）的成就上能與曾國藩相比！到二十一世紀他還存在於海峽兩岸人士的思念中。文正公應已做到「立德、立功、立言」三不朽了！

三、曾國藩與中國現代化

一般人以為曾國藩既是標準的理學家，一定是固守理教，言必孔孟，守舊迂腐，反對改革的！事實上卻絕對相反！文正公可算得是中國追求現代化的第一人！

自一八四〇年鴉片戰爭、南京條約到他一八七二年逝世，三十二年之間列強對中國百般的欺凌！他既不崇洋媚外，也沒有血脈賁張，扶清滅洋。反之，他以務實的態度，研究敵強我弱的根本原因，認清了救國扶危之大道，在於全面的現代化！他在這方面的努力，從下面一系列的措施中表現無遺：

在與太平天國的戰爭中他就主張「購買外洋船砲，為今日救時之第一要務」；接著：

同治二年（一八六三）在安慶（安徽省會、長江口岸）設軍械所，起用徐壽，試造輪船；接著派容閎赴英國「購辦製器之器」。

同治四年（一八六五）在上海設「江南機器製造廠」，附設翻譯局；聘請法律、數學、天文、機械等方面專家近百人，共商進行。

同治七年（一八六八）在江南製造廠設立「學館」（即學校），選聰明子弟隨同專家學習，「妥立課程，切實研究。庶幾物理融貫，不必假手於洋人。」

同治十一年（一八七二）與李鴻章聯合奏請派遣留學生出國留學。

他於同治七年十二月十三日面謁慈禧時有一段很有趣的對話：

問：汝造了幾個輪船？

答：造了一個，第二個方造未畢。

問：有洋匠否？

答：洋匠不過六、七個；中國匠人甚多。

問：洋匠是哪國的？

答：法國的、英國的也有。

事實上曾國藩造好第一艘輪船，自己與諸大臣都上船試乘，覺得滿意，才造第二艘。他這種實事求是的精神，在那個時代，實在令人感動！而且他在「自造」船械之外，又設立培養科技人才的「學館」，廣譯歐西書籍，派當年赴外國留學以及重用留學歸來的人才（如容閎），都是當時很「新」的作風，不是讀古書、讀死書的一般儒生所能及！而且他對中國的現代化是從根本做起，也就是大量培養第一流的現代化人才。這種眼光更非他同時期的重臣所能及。清代最後敗亡，就是未能延續文正公致力現代化的種種措施！讀歷史至此，只能夠掩卷嘆息！

四、總結

上相南征策眾材，軍容十萬轉風雷。
書生卻進安民策，盜弄潢池事可哀！

這首詩是曾國藩送給他的朋友唐鏡海的；但後世人都認為是他的自述，因為唐先生根本沒有這樣的功業，「策眾材、轉風雷、安民策」是文正公一生事業和修為的縮影。他在清廷衰退的大環境中，一柱擎天，以他的個人超凡的修養和旋乾轉坤的智慧魄力，力挽狂瀾，締造了清朝的中興！的確是中國近代史中的指標人物！

至於他治兵之嚴，倒也是很有威名的！湘軍中稱他「曾剃頭」，遇有貪生怕死、作奸犯科之徒，他是不客氣繩之以法的。因此湘軍初期，雖非正規軍，只是臨時募集的鄉勇，卻也紀律嚴明，勇敢善戰。文正公的「剃頭」原則，也應該是值得稱道的！

「聖人」而又敢「剃頭」，文正公之所以成功，其精妙之處也許在此。

參、「今亮」左宗棠

提起左宗棠，湖南人喜歡講一個故事：
「話說左文襄公於平定新疆之後，那年臘月三十，除夕之夜，左

大帥大宴諸將。酒酣耳熱之際，大帥忽然開言：各位鄉親，今日滿朝文武，都推『曾、左』。請問大家：究竟是曾大帥偉大呢？還是左大帥偉大？你們只管直說，我不怪你們。

大帥提出這個大問題，一時全場鴉雀無聲，沒有人敢搭腔，大帥一連催了幾遍，有一位幕友勇敢地站起來說：你們兩位大帥都很偉大，但曾大帥提拔過好幾位大帥，而左大帥下面還沒有一位大帥！我想這就是兩位不相同的地方。」

這個小故事，說明文襄公的豪氣、直爽與自命不凡！

一、大器晚成

左宗棠，字季高，諡文襄，湖南省湘陰縣人，生於嘉慶十七年（一八一二），只比曾國藩少一歲，卻活到光緒十一年（一八八五），比文正公長壽多了。他的一生充滿驚奇；他與文正公最大的不同是出身貧寒，考場失利，只中了個「舉人」，「進士」沒他的份。到四十歲時依然一介書生，兩袖清風。當四十「大慶」時，他做了一副自勉的對聯，至今仍為人傳誦：

身無半畝，心憂天下；
讀破萬卷，神交古人。

這種真正讀書人的豪氣，給後世的人很大的激勵！因此，當他困居故鄉，開館授徒糊口時，依舊有很多重要人物對他非常器重，認為他絕非「池中物」，總會有一天成為國家的重鎮。其中最著名的一段佳話是一代名臣林則徐於道光二十九年，（時左年三十八，在長沙開館授徒時）途經湖南，特邀相見。二人在林的官船中，暢談一夜，驚左為曠世奇才，可謂有知人

▲ 左宗棠

之明。先此，湖北巡撫胡林翼與左甚為相知，當林則徐發表雲貴總督時曾薦左入幕，因事未成；更早期於左公二十六歲時，兩江總督陶澍奉旨回鄉省視，湖南士子推季高撰聯歡迎；他一揮而就：

春殿語從容，廿載家山印心石在；
大江流日夜，八州子弟翹首公歸。

陶澍對這副楹聯極其欣賞，乃約宗棠面談，多有嘉勉！其後特聘左擔任他的家庭教師數年之久。左乃得有機緣，苦讀陶家豐富的藏書。對左後來的功業幫助很大。左宗棠在四十歲前早有才名，曾入湖南巡撫駱秉章幕；但才高傲世，為人所忌，一直未能一展長才，這段懷才不遇的歷史，是曾國藩沒有遭遇過的！可是這段「歷練」，使左宗棠更加奮發，一旦有展現的機會，就一飛沖天了！

二、援浙立大功

左宗棠追隨湖南巡撫駱秉章前後六個年頭；因學問淵博，才思敏捷，眼光獨到，又公正無私，友輩咸以「今亮」相稱（今亮者，今日的諸葛亮是也）；對湖南吏治的革新，貢獻很大。由於鋒頭太健，民間甚至有「國家不可一日無湖南，湖南不可一日無宗棠」的說法。終為人所忌而發生嚴重的「官樊構陷事件」。原來樊是湖南永州的總兵，因案遭駱革職。樊不服，向駱的上司湖廣總督官文申訴，官文不敢招惹駱秉章，於是找承辦該案的宗棠出氣。密奏朝廷，奉旨：「如左宗棠確有不法情事，可即就地正法！」真是天大的冤枉。

左宗棠極其氣憤，正要入京申訴，時太平軍猖獗，曾國藩一時窮於應付，左的至交胡林翼（湖北巡撫）力薦左宗棠。朝中要員也久聞左的才名，乃不僅不查辦，反而破格起用他：「命兵部侍郎左宗棠以四品京堂候補，襄辦署兩江總督曾國藩軍務。」他在最困窘的時候獲得這個上諭，深感「恩遇優渥，實非夢想所期！」不久曾即來信，請他從速募勇

五千赴皖南助戰，時為咸豐十年（一八六〇）春天，他四十九歲。這是文襄公一生彪炳事業的開始，雖然來得遲了些，因為他長壽，所以還有二十五年的勳業等著他去完成。

宗棠立即開始募集兵勇，在兩個月內募齊了五千八百零四人；因湖南青年子弟過去數年已經被曾國藩召募了數萬人，左所募的人在湘勇之外，另有桂勇、郴勇等等，故定名為「楚軍」。這六千人經左加以嚴格訓練，找到了好幾位有水準的幹部（營官），當年（一八六〇）農曆八月八日，楚軍經長沙出發，一個半月之後抵江西景德鎮。鋒芒初試就擊敗了「廣東會黨起義軍」，取得輝煌的勝利，次年他即晉升「三品」並授「太常寺卿」。

當時，太平軍在安徽、浙江一帶聲勢極盛，曾國藩的大營在安徽祁門時受威脅；楚軍在左的全心經營之下，其戰力日強，而且多次與「洪楊」交鋒都有獲勝的戰果。就在太平軍勇將李自成陷杭州後，曾國藩力保左率軍入浙，收復東南要地，宗棠不負所託，累挫太平軍。咸豐十一年（一八六一）十一月奉詔督辦浙江軍務，十二月授浙江巡撫要職。距他組楚軍只有一年半的時間。短短的十幾個月由一個幕僚做到方面大員浙江巡撫，真是一飛沖天！而他的飛黃騰達，則絕非僥倖，完全是由戰功得來的！文襄公的軍事奇才，由此可見。

三、平定新疆，青史留名

左宗棠任浙江巡撫時，浙江大部分地區都在太平軍手中；其主帥為英勇善戰的「侍王」李世賢，而剽悍的「忠王」李秀成也在浙省鄰近的蘇州一帶活動，左要收復首府杭州真是談何容易！但左不愧有「今亮」之名：他精心策劃，步步為營，穩紮穩打，由浙江西部衢州開始，經大小數十次苦戰，又得到英法洋兵的協助，一一收復浙中富陽、金華、紹興等要地，一八六四年二月終於光復杭州！清廷除已於前一年升他為閩浙總督兼浙省巡撫外，更特加他「太子少保」銜，賞穿黃馬褂，文封一等伯爵，可謂是恩寵有加了！時年五十三歲。

太平軍首腦洪秀全於同一年四月去世，曾國荃於六月攻陷「天京」（即南京），太平天國覆亡。宗棠乃由浙江到福建，把該省太平軍殘餘勢力肅清，東南各省大定，而左公的傳世偉業卻才剛剛開始。

　　平定太平天國，所謂「洪楊之亂」，居首功的自然是曾國藩，左只算得是曾的一員大將，收復東南（浙閩）功勳彪炳。而他能與文正公齊名，成為滿清中興名臣之一，則在於他收復中國大西北那一大片土地的蓋世功勞。

　　當清廷被太平天國以及捻軍嚴重威脅，華南、華中、華北戰亂頻仍之際，中國的大西北，從甘肅到新疆也極不安定！甘肅有回民叛變；新疆則被俄羅斯和大英帝國各別支持的傀儡軍隊所盤踞，政令難行！同治七年（一八六八）八月十五日，左宗棠奉召入京，觀見垂簾聽政的慈安、慈禧兩位太后；那時他已經是太子太保銜的地方大員。太后當時問他：「西北回亂何時可以平定？」他考慮了一下回稟：「需要五年。」慈禧覺得太久，但後來事實證明，果然花了五年功夫，到同治十二年（一八七三）才平定甘肅的回民之亂，他真是有先見之明。

　　平定甘肅省回民的叛亂，不過是收復新疆的先決條件，就要花五年；那麼把偌大的新疆收復（面積一六〇多萬平方公里約等於全中國八分之一，是台灣面積的四十四倍），所需要的時間就也許更久了。那時是十九世紀的後期，中國既無鐵路更無公路，全靠步行。從蘭州到烏魯木齊全程兩千公里以上，以每天行軍二十公里計就要走整整一百天（超過三個月）。沿途有沙漠、暴風和高山峻嶺，又有敵軍襲擊，所以，要收復新疆差不多是一樁不可能的任務。

　　同時，在朝廷又有很強大的阻力。當年被時人批評「只會做官」的慈禧太后的「紅人」李鴻章是堅決反對在新疆用兵的。他認為新疆不過是邊疆荒漠之地，不值得花那麼巨大的人力、財力、物力去收復。左宗棠則有完全不同的見解，他堅決主張，新疆在康、乾盛世早已是中國的土地，追溯到一千多年前漢朝的張騫、班超，新疆那時名「西域」，也已是中國的藩屬。祖宗的遺產自然絕不可放棄！當權的慈禧太后倒很支持他，問他平定新疆要花多少錢？宗棠粗估一下說，需要白銀二千萬

兩。慈禧嚇了一跳，覺得朝廷負擔不起。最後決定先籌一千萬兩，立刻開始收復新疆的大計。

（一）底定「北疆」

光緒元年（一八七五）左公六十四歲，在那個時代已算是「高齡」「垂暮之年」，早該退隱頤養天年了。但他卻雄心萬丈，獨排眾議，以收復新疆為己任！在當政的軍機大臣文祥大力支持之下，他以「欽差大臣督辦關外剿匪事宜」的身分，率軍西征，手下兩員大將，一為副帥金順；一為前敵總指揮劉錦棠。

那時新疆被英國和俄國幕後支持兩支傀儡軍隊所盤踞；英國支持阿古柏，其勢力在北疆；俄國支持白彥虎，其勢力在南疆；各擁有數萬人互通聲氣。又有外國撐腰，武器和糧食都不是問題。要擊潰這些賣國的奸賊，收復國土，自然是極其艱鉅的任務！

左宗棠不愧有「今亮」之美名；在戰略方面他制定了「先北後南」的原則；在戰術方面他決定「緩進急戰，先遲後速」；那就是先攻北疆再圍南疆；接戰時則站穩後猛打速決！第一步，他將總司令部（大營）向西推進一千餘里，由蘭州移到新疆近處的肅州。因為他在平回亂時特別注意軍紀，絕不擾民；又對少數民族極力安撫懷柔；所以在新疆的回族和維吾爾族，苦於阿、白兩奸賊，橫征暴斂的惡行，都盼望左公早日到臨，解救他們出於水火。這種心理期待，是文襄公未戰先勝的基礎。

次年，光緒二年（一八七六）三月十三日，左宗棠於行軍二十二天後到達肅州，設立「大營」，立即準備向新疆進軍。因為出玉門關後，戈壁沙漠寸草不生；氣候惡劣，晝熱夜寒，又有飛沙走石，軍中多為湖南人，難免心懷畏懼，士氣不振。左公想盡種種辦法，鼓勵軍心；幸所籌的餉銀和糧秣都已準備齊全，士飽馬騰。加上那年西北烏鴉群集，與大軍隨行，人鳥同路，頗不寂寞，眾稱「烏鴉兵」，成為打勝仗的吉兆！

果然，大軍平安通過了大戈壁，順利到達入北疆重鎮哈密。以占領北疆首府烏魯木齊為第一作戰目標。烏城是英奸阿古柏的主要根據地，有重兵駐守，其外圍為離烏城百餘里的古牧地，極其險要，易守難攻。

於是劉錦棠會同金順用計騙敵，通過沙漠險地後，以迅雷不及掩耳之勢到達古牧地城外，主力圍城，以百餘門火砲轟擊城牆，經三天三夜的猛轟，城牆終告坍毀，左軍全力衝殺，阿古柏的軍隊投降數千人，餘則向烏魯木齊逃竄。劉錦棠乘勝晝夜尾追，直抵烏城。阿古柏知大勢已去，乃棄城逃往南疆，左宗棠未經激戰就收復了烏城。接著劉、金兩支大軍又於繼續苦戰後一一收復了北疆幾個大城鎮，包括昌吉、瑪納斯和呼圖壁等。到那年九月，左宗棠除了俄軍已占據的伊犂地區以外，北疆已全部在掌控之中。戰事只進行了三個月，北疆就全部底定。捷報傳到北京，自慈禧太后以下整個朝廷無不振奮！

這時，阿古柏的後台老闆英國緊張起來了。英內閣命令駐清廷公使威妥瑪，向總理衙門代阿古柏求「降」；他稱阿古柏為「喀王」，請求清政府允許阿占有新疆，作為清朝的「屬國」，免去朝貢云云。又恫嚇著說：「清國用兵日久，俄國人可能要乘機奪取新疆。」幸朝廷知道左宗棠軍力雄厚，沒有答應英使的要求，宗棠乃得照原訂計畫向南疆用兵。

南疆的門戶有三大重鎮：吐魯番、托克遜和達板。左軍於光緒三年（一八七七）三月一日，分兵向三城發動攻擊，經過十二天的苦戰，三地全部收復。阿古柏的部隊被殲二萬餘人，主力盡失。回、維族同胞，感左公的寬柔政策，群起響應。阿古柏見大勢已去，感前途茫茫，乃於四月十七日凌晨服毒自殺，結束他邪惡的一生。北疆除伊犂地區外，其餘廣大地區全部收復。左公對這個階段的戰役極表滿意，說：「實西域用兵以來未有之事！」確屬了不起的戰績。

（二）再復「南疆」

阿古柏死後，他的次子哈克胡里率殘部西逃；中途遇見長兄柏克胡里，以為可合力再起；哪知道他大哥比父親更心狠手辣，居然殺了弟弟投奔南疆的白彥虎。這時朝中以庫倫大臣志崇為首，又倡和平之議，建議朝廷下令左宗棠休兵，以免刺激英、俄，再生事端，實際上擬把南疆割讓給英、俄。左公自然堅決反對，主張絕不能妥協，一定要作戰到

底，收復失地！朝廷採取了他的主張，上諭：「自當乘勝底定回疆，殲除醜類，以竟全功。」

收復南疆，亦即要收復新疆南部八處重要城鎮。這「八城」是乾隆二十四年平定回亂後所建立的，自吐魯番南行抵終點喀什噶爾，全程四千里；比烏魯木齊到伊犁要遠三倍之多，且要通過部分大沙漠，其艱險困難可想而知。

這時盤踞南疆者，除俄奸白彥虎以外，另有英人操縱的安集延，英國再一次想用外交手段保全奸賊，這次是要清廷駐英國公使郭嵩燾出面向清廷建議准安集延「降清」，但以保持安奸的地位和所控制的土地為條件。郭甚至說，如能保存安集延，中英在新疆「可保百年無事」。左洞悉其陰謀，強烈反對，他在奏摺中說：「安集延侵我回部，諂附英人。英人蔭庇之十餘年，為國家必討之賊！」清廷接受他的主張，於是向南疆用兵。

光緒三年八月一日，左軍開始南進，經過這一連串的激戰，一個月挺進九百里，九月十二日收復南疆重鎮庫車。然後——光復阿克蘇、巴爾楚克，直抵喀什噶爾。白彥虎和柏克胡里準備死守喀城，保留其最後巢穴。但左軍軍威極盛；十一月十三日晨起雙方激戰，當晚即攻入城內，次晨攻占全城，白、柏、安諸奸賊棄械向俄國邊境奔逃。劉錦棠派兵急追，擒獲了他們多名部將和輜重。十五日追到俄國邊界時，俄屬布魯特人出來阻擋，白、安諸逆乃得逃入俄境，受當地俄軍的保護，未能擒獲置之於法！但南疆全境收復，英、俄兩支傀儡軍隊完全消滅！

收復南北疆，面積一百六十萬平方公里，北疆是從光緒二年六月初一到九月二十一日結束，不到四個月。南疆是光緒三年三月到十一月底；最後只半年多一點。轉戰萬里，克敵致果，真是奇蹟！宗棠在家書中說：「南疆底定，以事功論，原周、秦、漢、唐所創見。蓋此次師行順迅，掃蕩周數萬千里，克名城百數十計，為時則未滿兩載也。」他心中的快樂和得意是可想而知的！

論功行賞，左宗棠如此蓋世功勳，應可得高位；但慈禧太后認為左的勳賞不宜超過平定太平天國的曾國藩，乃下詔曰：

「新疆淪陷，十有餘年，朝廷恭行天討，特命左宗棠以欽差大臣督辦新疆軍務。該大臣剿撫兼籌……將士用命，成此大功……實深欣幸。……欽差大臣大學士陝甘總督左宗棠……著加恩由一等伯晉為二等侯，欽此。」（曾國藩封一等侯）

如此偉大的功勳，換來只是個「二等侯」，慈禧也未免太小器了！不過左宗棠並不在乎爵位，而在乎收復整個的新疆，因為北疆最肥美之區伊犁，俄國軍隊自同治十年（一八七一）即乘回亂占領，清廷一再交涉，俄國總是託辭拖延拒不交還。左宗棠以收復伊犁為己任，現既已收復南北疆，伊犁一隅自不容俄人繼續盤踞。清廷乃於一八七九年派大臣崇厚赴俄交涉，崇厚迂腐無能，與俄國訂一個喪權辱國的條約，放棄伊犁附近大片土地和主權，朝議大譁！崇厚回國後立刻革職下獄並判監斬侯，以示嚴懲！

慈禧採取左宗棠的建議：「先之以議論，次之以戰陣，堅忍以求勝。」即「以戰逼和」之策。另派駐英國公使曾紀澤赴俄京聖彼得堡交涉；左公為示不惜一戰，將「大營」（總司令部）由甘肅省的肅州向西推進一千餘里到新疆的哈密，自製棺材一具，隨軍同行，表示與敵人共存亡的決心，軍心大振，誓與俄軍一拼！同時他指示大將劉錦棠等向伊犁進逼，就在左軍快到伊犁城外前一天，俄國與曾紀澤簽訂了比較合理的「伊犁條約」，收復了伊犁地區大塊土地，是清朝末年中國與列強簽訂唯一較為平等的條約；而左公「扶柩出關」的壯舉，在中國歷史上加添了最足稱頌的一頁。他真無負「今亮」的美名！

四、中國工業的奠基者

左宗棠其實有超過諸葛亮的地方，他不僅文治武功與曾國藩齊名，而且他對中國的現代化也有極大的貢獻，他是中國工業的奠基者，遠在同治三年（一八六四）他於攻克杭州後，就師法曾國藩，造了一條小輪船在西湖上行駛。其後他所到之處都積極推動工業建設和教育事業；其成績單如下列：

同治五年（一八六六）：在福州開蠶棉館；設「正誼堂書局」；又奏請自造輪船，設「福州船政局」，擇馬尾為造船廠址。該廠至今尚在運作！又奏請以沈葆楨為船政大臣，派員赴外國購造船機器，更設「求是堂藝局」和「船政學堂」。

同治十年（一八七一）：在西安設書局，刊刻經典；又設製造局於蘭州，製槍砲彈藥。又製機輪，抽黃河水以利灌溉。

同治十二年（一八七三）：福建船廠造船十五艘。

光緒五年（一八七九）：設織呢局於蘭州，次年開工；所生產的呢料和毛毯，到抗日戰爭時期（一九四○年代）還在使用，作者自己就使用過，可見該廠的先進。

以上各項造船、製機器與紡織是中國輕重工業的萌芽和奠基，左公的遠見和魄力真是前無古人。

至於他於進軍新疆時，一路所栽植的楊柳樹，凡三千里、十萬餘株，五年後已成蔭，民間稱之為「左公柳」，帶給塞外沙漠不毛之地無限的生意！更為後世所稱頌。他最得意的部將楊昌濬做了一首百世流傳的詩：

> 大將籌邊尚未還，湖湘子弟滿天山；
> 新栽楊柳三千里，引得春風渡玉關。

左宗棠一生的功業，名留青史，是清代中興的名將名臣，是那個時代與曾國藩齊名的指標人物！可惜他兩人所樹立的風範和志氣，尤其是對現代化的努力，被後期的慈禧太后所扼殺，以致中國險被列強所瓜分！讀史至此，只有掩卷嘆息了！

最後，世傳曾、左有不合之事；但從文正公逝世後，左公特自撰一聯，其文曰：

> 知人之明，謀國之忠，自愧不如元輔；
> 同心若金，攻錯若石，相期無負平生。

華夏一百六十年指標人物心態管窺

——戊戌政變、百日維新的靈魂：康有為、梁啓超

肆、浪漫大師康有為

提起康有為就必定想到「戊戌政變」，因為康的一生都與這個又名「百日維新」的政變，纏結在一起！康有為是這幕驚心動魄「宮廷大悲劇」的編劇、導演兼主角。可以說，如果沒有康，戊戌政變也許不可能發生；甚至說，如果康有為不是那麼對現實政治有極度浪漫的幻想，那次政變成功的機率可能大大提高，甚至可變「悲劇」為皆大歡喜的「喜劇」！

康有為究竟是怎麼樣的人？

一、從「國學大師」到「變法導師」

從學術觀點，康有為是一位極其博雜的「大師型」學者。他生長在清末典型的士大夫家庭，從小飽讀古代詩書，早年拜在大儒「碩德高行、博極群書」的朱次琦先生門下，精研宋明理學，但他悟得這些「舊學」皆屬「空疏無有」不能經世致用；於是進一層上溯「荀、莊、管、韓」，仍舊不能滿足他治國濟世的理想；再上溯孔子、周公，依然一樣失望，因為他的志向在於濟世救人。但從二十歲起（一八七八）他先後到過香港和上海，密集接觸西方的典籍和生活方式，於是又大講西學。二十六歲（一八八四）時，終於大徹大悟，「日日以救世為中心，刻刻以救世為事……參中西之新理，窮天人之頤變。」他真是典型的浪漫思想家和自我批判者。醉心西學，對傳統舊思想、舊風習，乃力求變革，

首在家鄉創辦「不纏足會」，在那個時代是很新潮的，很驚世駭俗的！由上述的種種轉變，可以看出康有為在青少年時代便醉心改革，首先從自己的思想一再改變開始！是很具浪漫氣息的。他這種浪漫，貫徹在他一生的言行中，有太多的理想，太少的實際考慮，注定了他「百日維新」震驚華夏、曇花一現的作為，卻也確定了他華夏「指標人物」的地位！是「幸」抑是「不幸」，真很難說。

▲ 康有為

康氏的舊學根柢很深，新學見識很廣，二十七歲起就有足以傳世的著作，下面是他青年時期著述的書單：1.二十七歲著《人類公理》；2.三十一歲著《廣藝舟雙楫》；3.三十二歲著《婆羅門教考》、《王制義證》、《毛詩偽證》、《說文偽證》及《爾雅偽證》等一系列的考據等書，震動學術界；4.三十三歲著《長興學記》及《新學偽經考》；5.三十四歲編纂《孔子改制考》。

短短七年中，他出版了七本很有分量的專著，名噪士林，成為眾所崇敬的經學大師，特別在考證方面極受當時的知識分子推崇；因為他側重「辨偽」，更凸顯了「反對」與「去舊」的浪漫性格。因此，他一投入政治自然屬於改革一派了。

三十歲那年（一八八八）康有為赴北京順天鄉試，失敗；第一次上書給光緒皇帝，請求變法。以他那時的年齡、身分和地位，他的建言當然無人理會。三年後他在故鄉創辦「長興學堂」，前後數年之久，梁啟超、陳子秋等皆入門下。事實上，梁啟超早在長興學堂開辦前一年（一八九〇）對康的學識淵博便極其傾倒，拜列門牆。梁對康的追隨自茲開始。梁有一段自述，生動描寫他拜康為師的經過：那年梁啟超僅十八歲，已經中了舉人，頗自負，他的好友陳通甫邀他同往謁康，梁立即被康的高深學問所折服。梁在他的《三十自述》中有如下的敘述：

時余以少年科第……沾沾自喜。先生乃以大海潮音，作獅子吼……自辰入見，及戌始退，冷水澆背，當頭一棒，一旦盡失其故壘，惘惘然不知所從事。且驚且喜，且怨且艾，且疑且懼；與通甫聯床竟夕不能寐。明日再謁，請為學方針。先生乃教以陸王新學，而並及史學西學之梗概。自是決然捨去舊學，……而間日請業於南海之門。生平知有學，自茲始。

一位十八歲的青年學子，拜倒在三十二歲康有為門下，一生以師侍之，堅定不移，患難與共！師生之情，中國數千年來罕有其匹！康梁變法，名垂青史。而康則由「經學大師」轉化為「變法導師」，兩人合作演出了驚天動地的「戊戌政變」、「百日維新」！

二、「百日維新」前奏曲

「百日維新」雖是「曇花一現」的悲劇，但並不是「天上掉下來」的偶然行動，而是經過相當時間的醞釀和國內外環境演變的結果。很具戲劇性，也很合乎康有為的浪漫性格。下面是「政變」、「維新」原因的分析：

（一）內憂外患煎迫

根據著名歷史學家吳其昌在他的名著《梁啟超傳》中分析，戊戌政變產生的「外激原因」有四大項：1.日本明治維新成功的鼓勵；2.俄國彼得大帝西化以及船堅砲利政策與甲午戰爭失敗的教訓；3.列強一再侵略圍攻，可能瓜分中國的威脅；4.土耳其不變法而衰弱的覆轍。

至於「內在原因」也有四項：1.清代自乾隆、嘉慶以後，政府走向腐敗，統治力衰退；滿人當政能力大減；漢人勢力抬頭；2.慈禧太后雖已還政光緒皇帝，但不肯放棄實際權力，形成「帝」「后」爭權，暗中較勁的局面；3.孫中山領導的革命運動興起，迫使清廷必須作重大的改革；4.國內輿論對「維新運動」的推動，漸表同情與支持。

基於上列內外因素，使較「革命」為緩和的「維新」運動，成為弦上之箭，有一觸即發之勢，而康有為就是那個扣箭弦之人。

（二）康有為「公車上書」與「七次上書」的影響

　　青年的光緒皇帝在內外交迫，國勢飄搖的環境下，亟思有所作為。他於十七歲（一八八九）當政，苦苦找不到振興國家的良策，因為他治下的那些大臣多屬守舊、貪腐，且都是慈禧太后一手提拔的人，對少年皇帝的意見多屬陽奉陰違。光緒出於無奈，甚至想請日本明治維新的舵手伊藤博文來幫忙。

　　光緒二十四年秋，伊藤訪問北京，一般士大夫，有主張「借才變法」，上奏請「留伊藤為相」者。光緒特自召見伊藤，面示：「請貴爵將改革順序方法，詳細告知總理衙門大臣，予以指導。」其急於改革，情見於詞。前此，康有為已六次上書。其第一書是一八八八年，前已提及，竟無下文，但自第二次上書起，光緒對他開始重視。

　　光緒二十一年（一八九五）三月，康有為偕梁啟超入京會試。前一年，中國、日本發生「甲午海戰」，清廷大敗，日本要求割地賠款。應試士子一千三百餘人聯名上皇帝書，請求「拒和」、「遷都」、「練兵」、「變法」，慷慨激昂，是為有名的「公車上書」（即第二書），康是上書的靈魂人物，聲譽鵲起。五月，康中進士，引見皇帝，授工部主事。立即再上書（是為第三書），具體提出自強雪恥之道，包括富國、養民、教士、練兵等重要主張。洋洋灑灑數千言，光緒閱後甚表嘉許。但康只是一名中級官員，根本不能直接與皇上對話，他乃南下兩廣，講學兼著述，交結重要人物，靜待變局。

　　就在短短的數年內，外侮日亟：德國人強占膠州灣，俄國人占領了旅順、大連，英國人占據了威海衛，法國人占有了廣州灣，甚至義大利人也想占三都澳，列強瓜分中國的惡夢正在形成中。這時有志之士在全國各地群起呼號，到處興起了「保國會」。二十九歲的光緒皇帝在深宮也著急得要死，向他的老師翁同龢請示救國之道。翁於是向皇帝推薦多次上書，力倡維新，名滿天下的康有為，同時也有幾位朝中大官一致薦

舉。而康有為又痛哭零涕作第七次上書，該書的主要訴求如下：

> 守舊不可，必當變法；緩變不可，必當速變；小變不可，必當全
> 變……請誓太廟以戒群臣，開制度局以定規模，設十二局以治新
> 政，立民政局以地方自治；其他如遷都、興學、更稅法、裁釐
> 金……設警察、練新兵、選將帥、設參謀部、大營海軍、經營西
> 藏……。又主張滿漢不分，居民均為同志等等……。

這些具體的建議，光緒皇帝深表嘉納，於是接受康的意見，下決心「變
法」！

三、百日維新，石破天驚！人頭落地

一八九八年，歲在戊戌，光緒於六月十一日（農曆四月二十三日）
下詔定國是，十六日召見康有為，任命他在「總理各國事務衙門」行走；
數日後又召見梁啟超賞六品銜，命辦大學堂譯書局事務。兩人官位雖
小，因能直接通天，受皇命的倚重，其影響力就大了。自此維新變法，
所有的新政策和新主張，多出自康梁的進言。百日維新從這天開始。

變法的內容開始的時候頗為小心，六月的上諭只有考試政策論，
停止朝考，刪改各衙門則例，設工商總局，裁汰冗官及裁撤光祿寺等
十餘小機關等。似乎要看各方面的反應。兩三個月下來覺得做得頗為
順手，於是光緒召變法的激進人物林旭、楊銳、劉光第和譚嗣同等入
宮，賞四品銜，在「軍機章京」上行走，是為「軍機四卿」，與康、梁
同時參與了變法維新的最高決策。在此期間，光緒頒布一百多件的新政
詔令，重要者有下列諸項：1.廢除八股，改革科舉制度；2.取消各地的
「書院」，改為「學堂」，准許民間辦學會、辦報館；3.准許平民上書
言國事，官吏不得阻礙；4.開辦郵局，推進通訊事業；5.鼓勵開礦、修
鐵路；6.改革官制、裁撤冗員；7.改革財政、建立國家預算；8.振興農工
商業；9.仿效西方，訓練現代化軍隊；10.取消旗人（滿人）的特權，許

其自謀生計。

　　上面這些改革在今天看起來是天經地義。可是在當時，慈禧太后攬權半世紀後的守舊官僚，卻認為光緒帝和康梁一夥，搞維新運動是「大逆不道」！慈禧在下詔變法的第四天就革去了帝師、大學士翁同龢的職位，斥責他「攬權狂悖」，令他回家鄉修養，給光緒變法一個下馬威！不久又下令由守舊派首領榮祿出任直隸總督，統御北洋三軍，即董福祥的甘軍、聶士成的武毅軍和袁世凱的新建陸軍。軍權從此落入「反維新」人物的手中，伏下了變法失敗的主因。

　　維新人物不甘示弱，由皇帝下詔，革去守舊派「禮部六堂官」的職務。於是「守舊派」和「維新派」的衝突達到了「引爆點」！守舊派以慈禧為首，在榮祿等實力派支持之下，認為康梁等是「天下共憤，罪惡滿盈」，罪在不赦，皇帝受他們的擺布，應該退位！光緒接獲密報，知道皇位危在旦夕，乃下密詔，交楊銳帶給康梁。時為九月五日。梁見密詔後嚎啕大哭；乃決定從兩方面來挽救危局：第一，請譚嗣同發動湖南會黨唐才常等，派綠林好漢入京刺殺慈禧。第二，由譚嗣同去說服有軍權的袁世凱保護光緒皇帝。關於前者，緩不濟急，且刺殺慈禧並非易事，故無從實現。關於後者，則有極精彩的一幕演出：（見《譚嗣同傳》）

　　九月十八日深夜，譚在北京郊外法華寺見到了袁。譚拿出密詔給袁看；開口就說：「今日可以救我聖主者，惟在足下，足下欲救則救之。苟不欲救，請至頤和園首僕而殺僕，可以得富貴也。」袁答曰：「君以袁某為何如人哉？聖主乃吾輩所共事之主，僕與足不同受非常之遇，救護之責，非獨足下，若有所教，僕固願聞也。」譚於是提出光緒赴天津閱兵後立刻進入袁的大營由袁保護。袁滿口答應必全力做到，可保萬無一失。袁遂說：「若皇上在僕營，則誅榮祿如殺一狗耳。」譚嗣同很滿意這次會商，以為光緒和維新大業都有救了！他哪裡知道，袁世凱立即向榮祿告密，榮祿立即轉報慈禧。九月二十一日凌晨榮祿帶兵逮捕光緒，押到頤和園的「瀛臺」，慈禧未久出現，訓斥光緒一頓，從此這位年方二十七歲變法圖強的青年皇帝就老死在瀛臺。榮祿就發動一場空前

的逮捕行動，前舉「軍機四卿」，加上康有為的姪兒康廣仁和楊深秀等六人被捕，九月二十八日在菜市口行刑，史稱「六君子」殉難。維新運動，只維持了短短一百天，真是令後世掩卷嘆息的一次短命政變！

四、浪漫大師後半世生涯

戊戌政變主角康有為和梁啟超，在外國使館的保護下逃離北京，六位次要人物作了替死鬼，康有為自然非常悲痛。他由英國駐華公使派軍艦把他從天津救出，先至香港，然後到日本神戶，開始他長達十六年的海外流亡生涯。到達美洲後，在加拿大溫哥華組織「保皇會」，主張君主立憲。但他浪漫的本性，仍幻想救光緒復辟。他所寫的《保皇會歌》五章，很能表現他內心的情懷；茲摘其精要：

> 我皇上之仁聖兮，捨身變法以救民。維百日之新政兮，冠千古而犖萬國人。痛奸賊之篡廢聖主兮，盡撤新政而守舊。……哀瀛臺之幽囚兮，渤海波之浩隔。……皇上之不復位兮，中國必亡。皇上之復位兮，大地莫強。同志灑血奮起兮，誓光復我皇。

他的保皇會和復辟運動，到了一九○○年八國聯軍攻占北京，庚子賠款四萬萬兩；激烈的革命運動在廣大的中國風起雲湧，康梁溫和的維新主張，已不受重視，於是我們的浪漫大師，擁百日維新主角的令名，周遊列國，以娶妾、生子、著述為樂，下面是一張成績單：

（一）周遊列國

一八九九年避難至香港，轉日本，是年四月離日至加拿大，轉赴英國，七月回加拿大至溫哥華，十月返抵香港；走了大半個地球。一九○○年由香港至新加坡。一九○二年赴印度大吉嶺。次年離印度遊緬甸、爪哇、越南、暹邏、再回香港；屬於長途旅行。一九○六年遊墨西哥，秋冬在歐洲。一九○八年遍遊歐洲重要國家，十月到檳榔嶼（馬來

半島）。一九〇九年遊歐洲，仍回檳榔嶼。一九一一年轉赴日本定居。一九一三年十一月奔母喪回香港；時清廷已亡，返歸上海定居，結束海外流亡。一九一六年在美、歐、亞三洲往返，在那個靠郵輪旅行時代，實在是很辛苦的！他除宣傳保皇思想外，討了好幾位如夫人，生了一大堆子女；成績斐然！

（二）娶妾、生子

康有為在五十歲前後，更顯出他感情方面的浪漫性格：

在娶妾方面：四十九歲娶何旃理為妾；五十六歲娶日本女子市岡鶴子為妾；六十一歲時又納張光為妾。十二年間三度納妾，勇氣可嘉！

在子女方面：五十四歲生子同吉，夭折；次年生六女同復；又次年生七女同環；一九〇八年生子同籛；一九〇九年又生子同凝；次年再生八女同琰。子女成群，應是一樂！

（三）晚年寫作

康有為後半期忙於遊歷、娶妾、生子，兼搞保皇會（後改名「國民憲法政會」），著作自然少能兼顧；但他五十歲前後還是寫了下面一些作品：

一九〇二年，著《大同書》、《論語注》、《大學記》及《孟子微》；一九〇三年著《官制議》；一九一一年著《救亡論》、《共和政體論》；次年又著《中華救國論》及《孔教會序》；已不如當年受到士林的推崇，因他的政治主張，自民國肇造已不得人心！

壓倒康有為的最後一根稻草，是他於民國六年（一九一七）參與張勳復辟的愚行，接受「弼德院」副院長的職位。一世英名毀於一旦，令人嘆息！古人云：看人要看後半世，康氏有之。

五、總評

要評論康有為這樣的人物是很困難的，因為他太浪漫，其言行太自相矛盾，既要大改革，又要捧聖主；既要當聖人，又要納妻妾，所以守舊派大將葉德輝批評他：「其貌則孔也，其心則夷也！」「貌孔心夷」四字似乎是康有為的切實寫照。他可說是真正的「舊瓶裝新酒」，很像清末民初他所提倡的「反纏足運動」，已經纏過的三吋金蓮，加以解放；成為既非「小腳」，也非「天足」，變得不倫不類，即當年所謂「改組派」的腳。康氏晚年在思想行為方面，真是充滿矛盾的改組派，令人扼腕！

當然，康氏「改組派」的矛盾性格，並不能掩蓋他在「戊戌政變」「百日維新」的耀眼光芒。他的七次上書光緒，真正打動了青年皇帝的心，更代表了千千萬萬讀書人和愛國者的心聲與吶喊。可惜他幻想皇帝可以掌控一切，不瞭解當時慈禧太后和他的死黨反動勢力之可怕，多次不接納他姪兒康廣仁的諫言去走較務實的路線，以致造成無可彌補的大悲劇！

不過，戊戌政變畢竟是「推翻滿清，建立民國」的重要過程；因為維新運動的慘敗，使四億中國人警悟到慈禧王朝的腐敗，揚棄和緩的「變法」意圖，轉而支持孫中山所倡導的激烈革命。不旋踵辛亥武漢起義的槍聲一響，清王朝就土崩瓦解，壽終正寢了！因此，百日維新應可看成辛亥革命的前奏！

故曰：戊戌政變的編劇、導演兼主角的康有為，的確是曾、左以後的指標人物。他在中國近代史上應該是不朽的！

伍、「多產大師」梁啟超

提起梁啟超，現今七、八十歲以上的讀書人，特別是作者這個世代的人，都會想起《飲冰室文集》。他文筆的清新、流暢，敘事簡明有力，說理深入動人，的確有「筆掃千軍」的氣勢！那本文集在抗戰以前是大學和中學生最想收藏的寶典。作者青年時代讀過他的《中國六大政

治家》，非常敬佩他的博學和論點。而他的一首〈志未酬〉的短詩，更激發青少年的奮發向上；其中名句有云：

> 志未酬，志未酬，問君之志幾時酬？
> 志亦無盡量，酬亦無盡時。
> 世界進步靡有止期，吾之希望亦靡有止期。……
> 登高山復有高山，出瀛海更有瀛海。
> 任龍騰虎躍以度此百年分，所成就其能幾許？
> 雖成少許，不敢自輕不有少許分，多許奚自生？……
> 吁嗟乎，男兒志兮天下事，但有進兮不有止，
> 言志已酬便無志。」

「言志已酬便無志」這是何等的氣概！何等的決心！梁啟超十一歲中秀才，十六歲中舉人，自幼即有「神童」的稱號，與康有為同屬廣東省人，一省出了兩個震驚華夏的大人物，真是奇遇！

一、梁啟超在「百日維新」中的角色

康有為較梁啟超長十五歲，在梁十八歲那年以新科舉人的銳氣，拜倒在康有為的門下，大為折服，終身執弟子禮（詳見前文），成為康最忠實的追隨者。甲午戰敗後，次年「馬關條約」，清廷割地賠款，群集北京的士子一千餘人，在康有為的發動下，提出著名的「公車上書」，力倡變法維新，梁是康得力助手。同年六月，《萬國公報》刊行，在康的支持下梁出任主筆；七月，力主變法的「強學會」成立，九月正式開辦，梁又被康委任為書記員。次年（一八九六）《時務新報》發行，梁以主筆地位發表〈變法通議〉及〈西學書目表〉等重要文章，大受讀者歡迎，一時聲譽鵲起，時人乃

▲ 梁啟超

以康梁並稱，其實這只是在文章方面而已。至於在「變法」的主流中，康是十足的第一男主角，梁只能說是一名重要配角。

嚴格說來，「百日維新」梁啟超所扮演的角色是相當有限的；梁在他自著的《戊戌政變記》也沒對自己的作為多所著墨，其實他與康有為親近的程度，遠不及康的姪兒康廣仁，維新的種種革新政策多出自康氏叔姪之手；康往往思索到深夜，口授新政內容，由廣仁記錄及幫忙整理後，次日呈報光緒皇帝，梁少有參與的機會。在維新行動方面，他則遠不及譚嗣同，譚是光緒欽點的四軍機之一，識見高遠，行動果斷，勇氣過人，大義凜然，梁親撰的《譚嗣同傳》，對譚也是敬佩得五體投地。

所以說，康對梁提攜備至。梁之所以享有盛名，主要是從他中年後的著述得來。梁啟超在清廷判他死刑後，受到慈禧太后的嚴令追捕。幸運的是，他與康有為相同，獲得外國使館的掩護，得在驚濤駭浪中逃出虎口，下面是當時的記載：（根據當時日本駐華代理公使林全助著《我的七十年》中資料）

梁啟超和譚嗣同九月二十二日、光緒被逮次日二人逃到日本公使館，譚堅持梁應出國避禍，自己則留下來為國犧牲。譚說：「不有行者（離國者），無以圖將來；不有死者，無以酬聖主。」梁則堅決兩人同逃，遭譚拒絕，譚乃自行投案。梁先化妝搭火車到天津，避入日本領事館。這時榮祿得到他去天津的密報，乃派暗探多人在領事館門口監視。二十五日晚，他化妝成獵人趁暗探不備逃到一艘日本船上，暗探發覺了猛追，日本船開得很快，終將他送到停泊在塘沽的一條日本軍艦上。榮祿怕引起中、日兩國的外交糾紛，不敢扣留日艦逮捕梁啟超，梁乃得安全脫險，到達日本東京，感懷此次劇變，「六君子」就義，他卻苟全性命，流亡異國，不禁痛哭流淚，寫下激昂慷慨的〈去國行〉；茲錄其要：

> ……君恩友仇兩未報，死于賊手毋乃非英雄。割慈忍淚出國門，掉頭不顧吾其東。……城狐社鼠積威福，王室蠹蠹如贅瘤。浮雲蔽日不可掃，坐令螻蟻食應龍。可憐志士死社稷，前仆後起形影從。……男兒三十無奇功，誓把區區七尺還天公。……瀟瀟風雨

滿天地，飄然一身如轉蓬。披髮長嘯覽太空，前路蓬山一萬重，
掉頭不顧吾其東。

梁啟超與譚嗣同的生死訣別，堅定了他繼續為自己理想奮鬥的決心。
他到日本後，和同樣流亡東京的康有為老師見了面，於是展開了他們
「保皇運動」的雄圖，但是時代和人心，自戊戌失敗以後已有大變化。
康梁在日本、美國和南洋各地的活動，都沒有獲得熱烈的回應，宣統三年
（一九一一）光緒已死，孫中山的革命高潮漸趨頂點。師生二人重聚東京，
同住須磨的雙濤閣，梁感懷身世，寫了一首長詩，敬呈康公，其中有句云：

弘道宗先覺，安危仗大賢。行藏關一世，歌泣話千年。……百日
建新極，群生解倒懸。……痛哭承衣帶，間關度陌阡。未容身蹈
海，空有淚如泉。……蕭蕭髭鬢白，冉冉歲時遷。……昊天何不
弔，恨海耿難填。……霸圖從已矣，前事信潸然。……江山已寥
落，無道況屯邅。……吾徒空老大，何地足回旋？……

真是英雄老去，世事如煙，不堪回首！

梁啟超追隨康有為搞政變，搞維新，獲得皇帝被囚，同志受戮，自
身逃亡海外，一籌莫展。一個有抱負、有良心、有感情、有學問如梁啟
超者，要如何自處呢？追隨康老師腳步、周遊列國？娶妾生子？支持復
辟？梁究竟比康年輕許多，有較大的可塑性，對時代有較清楚的認識和
瞭解，於是自他逃到日本後，就與康有為走了大不相同的道路。

二、親孫、倒袁、入閣

第一件值得一提的是梁啟超到日本後，雖仍力主「保皇」及設法拯
救光緒皇帝，但他比康老師開明，立刻想和主張激烈革命的「興中會」
人士聯絡，也就是要和孫中山取得某種合作。他於一八九八年（光緒
二十四年）九月底乘日本軍艦到達東京後，十一月在東京附近橫濱創辦

《清議報》。獲得消息：孫中山的主要助手陳少白（即清廷通緝中的「四大寇」之一）在日本，於是設法找人安排見面，洽談與興中會合作的事。陳少白當然歡迎，因為那時康梁的聲譽尚隆。梁頗為心動，康有為則堅決反對與孫合作。在康不贊成的大前提下，這次會談自然毫無結果。

次年，一八九九年二月，康梁和孫中山都很倚重的湖南反滿首要人物唐才常偕同革命青年蔡鍔等十餘人到達日本，康有為於同月得到日本政府的資助遠赴加拿大，在溫哥華附近的維多利亞市創立「保皇會」（後改名「中國維新會」）。康既離日，梁乃趁機與興中會另一要員楊衢雲懇談，希望雙方合作反清，由於路線不同仍未能談妥，但與興中會建立了比較密切的關係，得以結識孫中山，開始有較密切的往來。

那年十一月，梁奉康之命赴美國檀香山組織「保皇會」，居然住在孫中山哥哥孫眉的家中，並為尚在稚齡中孫的獨子孫科開蒙授課。足見梁與孫之間已有一定程度的共識和友誼。梁、孫同為廣東人，一籍新會，一籍中山，相距不遠，方言無障礙，也算得是「小同鄉」了。梁與孫的一段因緣，決定了在民國初年護法、倒袁的運動中，梁對孫的強力支持，基本上說，梁對孫中山革命的同情和臂助，是要遠遠超過康有為的！

也許是對孫中山民主革命的心儀吧？他對袁世凱的野心與稱帝則深惡痛絕！當然，袁世凱背信、賣友，透過榮祿向慈禧太后告密，以致「百日維新」失敗，造成莫大悲劇，梁啟超更是刻骨銘心，恨透了袁世凱！因此他成為倒袁的健將。他在湖南「實務學堂」任教時的得意門生蔡鍔，是倒袁的最大功臣，就得到了梁的很大鼓勵（詳見後文）。

袁世凱算得是個梟雄！宣統三年、辛亥一九一一年，武昌起義後，清廷下令由袁世凱組閣，內定甫自日本回國的梁啟超擔任「法律次長」，袁想利用他改革的名聲增加內閣的分量。梁自然不會接受，稱病堅辭。到了民國二年（一九一三），袁同意實施內閣制，以爭取民心。那時國民黨是最大政黨，若干小黨，包括共和黨、民主黨及統一黨合併成立「進步黨」，梁原為共和黨黨員，被推為「理事」，梁的多年好友，國民黨的熊希齡奉命組閣，邀梁出任「司法總長」（即部長），梁

覺得民國新成，袁氏可能採行民主制度，乃欣然就任。於是發表《告鄉中父老書》，表示要建立完善法制及公正執法。同時，又代熊內閣草擬《政府大政方針宣言書》，由內閣發表，主張法治。他哪裡知道野心勃勃，一心想做皇帝的袁世凱，豈能容得下民主法治！次年（民國三年、一九一四）元月袁下令解散國會。忠實的國民黨黨員議長宋教仁被刺殺於上海，民主制度曇花一現，熊希齡立刻辭職抗議，梁也堅辭司法總長以及袁想挽留他擔任「幣制局總裁」等職。次年袁想請他出任「政治顧問」，也被嚴詞拒絕了。

民國四年八月，梁發表〈異哉國體問題者〉一文，公開反對袁世凱稱帝。那年十二月袁正式稱帝，改「中華民國」為「中華帝國」，全國譁然！梁由天津到上海與蔡鍔、唐繼堯、李烈鈞等將領，通令討袁！梁是重要的策劃者和指導者。他的學生蔡鍔任雲南省都督（省的最高軍政長官），宣布獨立，進軍討袁。次年六月袁世凱病死，梁倒袁之心願成功，是他生命中一大成就。

梁由親孫、倒袁以及他一連串有分量的著作，使他成為民國初期的顯赫人物，在政、學兩界都有好聲譽。袁死後，軍閥割據，從民國五年起（一九一六）到十四年止，十年之內，梁的政治生涯如下：

1. 民國五年，四十四歲，五月反對袁世凱稱帝的「護國軍」成立，被推舉出任「軍務院」政務委員長兼撫軍；同時擔任雲南、貴州、廣西三省的總代表。六月袁死，倒袁成功。十一月，黎元洪出任總統，段祺瑞任總理，請他擔任祕書長，力辭不就。

2. 民國六年一月，黎元洪邀他到北京，商討憲法和外交等重要國事，未任官職。六月軍閥張勳擁宣統帝溥儀復位，康有為贊成並出任要職，梁啟超則強烈反對，是他與康老師明確劃分界線的開始。梁公開致函擁有軍權的馮國璋以及各省督軍反對復辟。張勳的愚行很快失敗，梁的聲譽鵲起。七月他加入段祺瑞的內閣任財政總長，是他第二次入閣，但只做四個月，因政見不合於十一月辭職。

3. 民國七年至十年，梁無官一身輕，與較他年輕的學界知名之士如張君勱、蔣百里、丁文江等密切來往並同遊歐洲，轉向學術寫作。政

治方面只做了兩件較重要的事：第一，民國八年（一九一九）歐戰結束後的「巴黎和會」，對中國有不利的決定。他應國內「國民外交協會」之請，擔任該會駐歐代表，向「和會」請願，沒有發生作用。於是他函「協會」要求對當時政府提出嚴正警告，決不可在合約上簽字！第二，五四運動在那年爆發，遊行示威的學生多人被政府逮捕。梁於民國九年三月寫信給當時的徐世昌總統，強烈要求釋放被捕的學生。各方對他甚表尊敬。

4. 民國十四年五月，段祺瑞任「執政」，親邀他出任「憲法起草會」祕書長，遭梁拒絕，這是他最後一次的政治因緣。

上面這份紀錄是梁啟超的政治生涯，看來與他的個性和志業有點格格不入。最後他當上了「北京圖書館館長」，算是有了一個安身立命的職位，在著述和出版兩方面大展鴻圖了！

三、「今文大師」「多產大師」

梁啟超成名於「戊戌政變」，享名於文壇著述。他應該是中國有史以來最「多產的作家」。據統計，他的著作高達一千四百餘萬字，真是驚人！他只活了五十七歲（一八七三～一九二九）。十九歲起協助康有為校勘《新學偽經考》並分任《孔子改制考》的編纂，從此養成寫文章和著書的習慣。三十六個年頭，他的著述可以用「不計其數」來形容，我相信他自己也搞不清寫了多少東西。他死後，弟子門人及後世學者們將他的文字加以整理，才發現梁一生的心血絕大部分，特別是「政變」以後三十年，都花在寫作上，真是了不起的成就。

梁所學極其博、雜，有很精密的分析頭腦，有很高超的智慧和見識，又有很流利的筆調，因此，無論是「大部頭」的書籍，或小品的詩詞散文，都能道人所未道，見人所未見，立論新穎，分析入微，引人入勝，可讀性極高，深為各階層讀者所喜愛。他那種行雲流水，既文言又白話的文筆，自成一格，不同凡響。時文譽之為「今文大師」，蓋有別於「古文」也。二十世紀初各級學校學生作文都頗受他的影響。

梁啟超究竟寫了多少東西？根據吳廷嘉、沈大德兩氏所著的《梁啟超評傳》中的統計共分為十六類，計聞：

1. 史學：分為通史、政治史、學術史、思想文化史、人物史、史學史、中國史等七大項，包括〈史學之界說〉、《中國歷史研究法》、《中國通史稿》、《先秦政治思想史》等六十四種著述。

2. 哲學：分哲學原理、倫理學、宗教學三種，包括《自由書》、《中國道德之大原》、〈印度佛教概觀〉等三十二種著述。

3. 政治學：包括〈變法通議〉、〈愛國論〉、《新民說》、《世界將來大勢論》等七十六種著述。

4. 外交學、外交史：包括〈中國外交方針思議〉、〈中日交涉匯評〉、〈對歐美友邦之宣言〉等十三種著述。

5. 經濟學、經濟史：包括〈商會議〉、〈生計學學說沿革小史〉、〈改鹽法議〉等十種著述。

6. 財政學：包括〈中國國債史〉、〈外資輸入問題〉、〈外債評議〉、〈市民與銀行〉等二十八種著述。

7. 教育學：包括〈倡設女學堂啟〉、〈論教育當定宗旨〉、〈教育與政治〉等二十一種著述。

8. 新聞學：包括〈農學會報序〉、〈清議報序例〉、〈湘報序〉等九種著述。

9. 學術評論與介紹：包括《經世文新編》、〈仁學序〉、〈盧梭學案〉等三十三種著述。

10. 校勘考據學與諸子研究：包括〈讀史舉正八卷〉、〈春秋夷蠻戎狄考〉、《古書真偽及其年代》等二十九種著述。

11. 圖書目錄學：包括〈西學書目表序例〉、〈國學入門書要目及其讀法〉、《圖書大辭典簿錄之部》等十一種著述。

12. 語言文字學：包括〈沈氏音學序〉、〈從發音上研究中國文字之源〉、《國文語原解》等十種著述。

13. 地理學：包括〈亞洲地理大勢論〉、〈中國地理大勢論〉、〈近代學風之地理的分布〉等八種著述。

14.文學評論：包括〈論小說與群治之關係〉、〈翻譯文學與佛典〉、〈屈原研究〉、《歐遊心影錄》等十一種著述。

15.雜著：包括〈祭六君子文〉、〈美術與科學〉、〈公祭康南海先生文〉等二十三種著述。

16.詩詞：根據廣東高等出版社發行，汪松濤編注的《梁啟超詩詞全注》一書，共收集梁的詩一百八十三題，四百二十四首；詞四十一題，六十四首，合計四百八十八首。

　　從上面這張清單可以看出梁啟超學問的廣博，其涵蓋的範圍極大，可以說，除了科技以外，他都有所著述。不僅當年出任「北京圖書館館長」當之無愧，而且真可說是中國學術界的泰斗和宗師，更配得上「多產大師」的尊號，民國以來無出其右者，為著述界第一人，令人驚嘆！

四、身後評論

　　梁啟超自宣統三年，即民國前一年（一九一一）從日本返國後，與他的老師康有為走不同的人生路線：首先他堅持男女平等的原則，絕不娶妾，雖子女有八位，都是德配李蕙仙女士所生，夫妻感情甚篤。其次，他的著作在質和量兩方面都遠遠超越老師。最重要的是：他全力投入教育，先後在南開大學、清華大學、中國大學、京師師範大學等知名學校任教，並應邀到北京、南京、上海、濟南、長沙、南通等地作學術講演。加上他的文章名滿天下，門生眾多，很快的就成為民國初年的「一代宗師」。在學術界的盛名，引起國際重視，一九二六年美國知名的耶魯大學特頒贈他「名譽博士」學位，在他那個時代的確是一項殊榮。

　　梁的身體應該說是相當健康的；但他在政治上的折磨，著作上的夜以繼日的付出及關心國事席不暇暖的奔走，體力自然透支得很厲害。

　　梁早年曾患心臟病，病情較微未予重視，五十歲那年心臟病發作，一度閉門謝客，但不久痊癒。不料次年梁夫人病逝，他心理上受到相當大的打擊，未幾即發現小便帶血，他怕家人擔心，祕而不宣，以致病情嚴重。一九二六年他住入北京著名的「協和醫院」，開刀割去腎上的小瘤，但便血如故，經服中藥才止住。

一九二七年的康有為於七十大壽後不久去世，又給梁不小的打擊；同年他的好友、詞家王國維因不滿時局跳昆明湖自殺，使他大受刺激，舊病復發。便血時好時壞，可是他不願休養仍拚命工作，就在這一年他寫了三十萬字，出版了《儒學哲學》、《中國文化史・社會組織篇》等名著，以致血壓升高，病情惡化，又住進協和醫院。一九二八年健康惡化，血壓不穩，便血不止，心臟萎縮，他仍靜不下來，力寫宋代詞宗辛棄疾的年譜，九月二十四日病情轉重，兩個月的搶救無效，延至一九二九年一月十九日，一代大師與世長辭！

　　一代大師的死訊，引起當時教育界、學術界甚至政界相當大的震撼！二月十七日北京各界在廣惠寺舉行公祭；天寒地凍，到了五百多人，各方所贈輓聯、祭幛多達三千多件。重要人物包括熊希齡、胡適、丁文江、錢玄同、朱希祖、袁同禮等多人到場致祭，備極哀榮。清華大學研究院同學會的一首輓詩，最能代表大家的心情和仰慕之意：

　　　　獨挽神州厄，一言天下驚；此身終報國，何意討勳名！
　　　　正氣永不死，宏篇老更成；西山能入座，已是百年情。

北京大學校長蔡元培輓聯是：「保障共和，應與松坡同不朽；宣傳歐化，寧辭五就比阿衡。」當時的名流王文濡寫了一篇短文，紀念梁公的一生，其中一段極其精闢：「……其始也，變法蒙難，任維新之先覺；其繼也，倒袁討張，成革命之元勳。指揮若定，大功不居。退隱析津，杜門著述。……扶大雅之輪，揚抑古人……。《飲冰》一集，萬本萬遍；傳誦國人，雅俗共賞……」連美國學術界也對梁的逝世深表悼念。一九二九年四月美國出版的《歷史評論》雜誌在其〈史學界消息〉中對梁啟超有如下的評論：「他以非凡的精神活力和自成一格的文風，贏得全中國知識界的領袖頭銜，並保留它一直到去世。」

　　從上面的敘述，梁任公實在是中國近代史中一位極具「指標性」的人物。他名滿天下，在政治界、教育界、學術界的貢獻綜合起來說，的確是一代哲人，無人可及！

五、總結

康、梁二氏是清末民初兩位指標性人物，應毫無疑問。尤其在清末，戊戌政變所造成的震撼和激盪，更是大大影響了、甚至決定了中國歷史的走向。沒有維新運動失敗的刺激，孫中山領導的革命運動不會那麼快得到廣大民眾的強烈支持。沒有慈禧鎮壓政變的成功，老太后的政府不會腐敗得那麼迅速。簡言之，康、梁發動的維新政變是滿清覆亡的催化劑。康、梁的確是站在華夏歷史的轉捩點上。

梁啟超在政變失敗後所走的路線，雖然與康有為大不相同，兩人的身後評價也南轅北轍，但梁對康老師的老境堪憐、身後淒涼仍舊是非常傷痛的！康死後難以為葬，梁出了相當的人力財力為老師辦妥後事，他為康有為做的兩副對聯，可以看出他對康的尊崇：

1.梁賀康師七十大壽聯

述先聖之玄意，整百家之不齊，入此歲來年七十矣！
奉觴豆於國叟，至歡忻於春酒，親授業者蓋三千焉！

2.梁輓康老師聯

祝宗祈死，老眼久枯，翻幸生也有涯，卒免睹全國陸沉魚爛之慘；
西狩獲麟，微言遽絕，正恐天之將喪，不僅動吾黨山頹木壞之悲。

從這兩副聯語，康、梁關係真是不堪回首！想當年公車上書的宏偉壯烈，戊戌政變的驚心動魄，流亡海外的日夜熬煎，以及回國後的人情冷暖，既淒涼，又悲壯！兩位心懷天下之志的哲人，不管是「浪漫大師」或「多產大師」竟不能一展抱負，的確是「志未酬」啊！

不過，康、梁這對師生究竟是清末戊戌政變的靈魂人物，更在中國學術界撐起了一片天。正是：十年一覺政變夢，留得一代大師名。康、梁應可無憾矣！

華夏一百六十年指標人物心態管窺

——締造民國、堅持共和的 黃興、蔡鍔

陸、開國英雄黃興

華夏一百六十年第三組指標人物是黃興和蔡鍔。自曾、左到康、梁，到黃、蔡，堂堂華夏經歷了天翻地覆的變革：八國聯軍的慘禍，甲午戰爭的挫敗，辛亥革命的成功；五千年封建帝制被推翻，滿清統治轉化為五族共和，亞洲第一個民主國家居然在老大的中國出現，而袁世凱的竊國稱帝，也只有八十幾天的壽命。這種種驚天地、泣鬼神的變化，使全世界的人震驚，對中國刮目相看！

是誰主宰乾坤的浮沉？是誰掀起滔天的民主浪潮？把清廷、把袁氏變成了歷史灰燼？有貢獻的革命先烈、仁人志士史不絕書，但其間一柱擎天滅清、倒袁的兩大英雄則非黃興和蔡鍔莫屬！這兩個「湖南騾子」究竟有甚麼神通，能夠先後完成中國歷史上的偉業？實在值得好好的學習研討。

本文尊崇黃、蔡兩氏為「英雄」，根據《韋氏大字典》的解釋：「英雄」（Hero）是：「任何人，特別是男性，因勇敢、高貴，尤其在戰爭中的偉績受到讚佩，謂之英雄。」（Any person, esp. A man, admired for courage, nobility, or exploits, esp. in war.）黃、蔡二氏是很符合這個定義的。因為黃興在推翻滿清、建立民國的長期而壯烈的奮鬥過程中，他的英勇和高貴，無人可以比擬。蔡鍔

▲ 黃興

為了倒袁，英勇過人，不惜以生命相搏，終獲成功。故譽黃氏為推翻滿清、開創民國的英雄，蔡氏為推翻袁世凱稱帝的英雄，應該是實至名歸的！

先說黃興。

一、偉大的組織家

黃興生於湖南首府長沙市附近的鄉村，初名黃軫。到快三十歲時，決定終身投入革命，乃改名黃興，號克強，表示復興漢室，自強不息。黃興是一個平民，沒有正式學過軍事，赤手空拳，憑藉組織群眾，鼓動風潮去推翻滿清。蔡卻受過極其嚴格的日本軍官教育，是當時一位傑出的軍事領袖，在他卓越領導下，擊敗了袁氏的北洋軍隊。路線不同，而完成革命的目標則一。如果以革命艱辛的程度論英雄，黃因投身革命所受的苦難，遠非蔡氏所能比擬。讀者看完後面的報導當知其詳。但無論如何，黃、蔡兩人各自完成了自己的革命使命，成為不朽的英雄人物，則是無可爭辯的史實。

黃興出生的時代，正是「戊戌政變」失敗，列強侵華日亟，且有瓜分中國之危。知識分子，特別是青年知識分子，都痛感大清朝廷的腐敗無能，老太后慈禧頑固昏庸，早已失去曾、左時代的中興氣象，於是激起革命的熱情，為推翻滿清奔走呼號！他們不僅在日本公開成立組織，發行刊物，呼籲革命；即在清廷嚴厲控制下的各省也開始祕密結社，時圖起義，黃興就是其中最激進的先驅，在他們家鄉長沙，創立了華夏第一個革命團體「華興會」。那是一九〇三年，歲次癸卯，農曆九月十六日（公曆十一月四日），正是他三十歲初度之日（初度者滿二十九歲進入三十歲）。

在那時代，創辦一個革命團體是要殺頭的！但黃興滿腔熱血，不顧一切，就在他從日本宏文學院師範科結業回到長沙，在當地名人胡元倓創辦的一所私立中學──明德學堂獲得一份教員職務後，立刻發起成立一個革命團體。他透過在日本結識的有志之士和明德中學有血性的老師

們成立機構。同時他又回到他留學日本前位於武漢的母校——兩湖書院活動，發表激烈言論，鼓動風潮，加上他熱血澎湃，態度誠懇，猛批時政，說服力極強，一時之間，在他號召下，很多革命青年都雲集長沙；這些人，後來都成為「革命元勳」或「革命烈士」。特別著名的有宋教仁、劉揆一、王正廷、吳祿貞、陳天華、李書城、張繼等數十人，是從全國各地投奔而來，黃興的組織能力真是高人一等！

黃興在他生日（二十九歲）那天被推為華興會會長，宋教仁、劉揆一為副會長，對外公開稱「華興公司」和「華興礦業」，他賣掉祖產三百擔田地，籌得二萬三千餘金，向上海方面購買槍械，準備大舉。

他鑑於會黨的勢力在湖南也相當強大，以及新軍內部同情革命者大有人在；於是又組織了「同仇會」和「黃漢會」；前者是專門和「哥老會」聯絡的；後者是聯絡新軍（新軍是指接受新式軍事訓練的軍隊，有別於傳統的八旗軍），哥老會的首領馬福益很支持黃興，幾個月下來，革命的勢力，大大增強。他更派人分赴武昌、上海、浙江、安徽、四川等地設立分會。日本方面，黃興的朋友也成立「同仇會」，宣揚他「反抗清廷、恢復中華」的革命宗旨。

經過近一年的奔走，黃興認為時機已成熟，預定於一九〇四年十一月十六日（農曆十月十日），即慈禧生辰之日，趁湖南重要官員將集中祝壽時，用炸彈一舉將他們擊斃，然後在長沙各地大舉起義。但他哪裡知道長沙府知事顏仲驥是一個頑固分子，對明德中學和黃興極度不滿，加上起事之舉，很多人都有耳聞；顏便報請上級，密派差人俟機逮捕黃興，把華興會的革命黨人一網打盡。他們選定的日期，就是黃興三十歲的那一天，一九〇四年農曆九月十六日（公曆十月二十四日）；黃興不知顏某的陰謀，生日那天在家大宴賓客，顏知事所派的衙役就在附近守候，幸黃興臨時得訊，得到長沙聖公會黃牧師的掩護，祕密逃離長沙，華興會主持的「長沙起義」功敗垂成，真是令人扼腕！所幸被牽連的同志極少，革命力量並未被摧毀，因而才有後來的「同盟會」。

「華興會」可說是黃興從事革命運動的牛刀小試；他結集同志，毀家紓難，購買武器，聯絡會黨，發動新軍，在在成為未來多次在全國各

地起義的模式，從革命大業整個來看，華興會的長沙起義，可說是推翻滿清，建立民國的起點。而黃興，這位組織奇才，在國民革命陣容中，初露光芒！

二、組成同盟會

華興會起義失敗後，黃興再次前往日本。因為華興會的關係，黃興領導反清廷建民國的聲名，播及全國，自然也傳到東京，他到日本後立刻受到早期在日本為革命奔走的孫中山重視，在孫的日籍同志好友宮崎滔天的介紹下，孫、黃第一次見面，兩位革命家會晤，真是相見恨晚，一談就是幾個小時。黃興事後說：「經日本大俠白浪（宮崎）滔天介紹，始識孫先生。遂共商組織各部機關等計畫，革命事業至此始稍有頭緒。」時為一九○五年七月。

前此，孫先生組織過「興中會」，黃先生組織過「華興會」，前者多為廣東籍及僑界人士，後者則以華中、華東人士為多，要壯大革命勢力，自然兩股力量非合作不可。於是產生另組革命團體之議。七月二十九日起，一連數日孫、黃和他們的同志們在黃興的寓所開會，決定成立一個新的革命組織，孫中山提議用「中華革命同盟會」，黃興認為現階段屬於祕密活動時期，主張刪除「革命二字」，獲得通過，乃定名為「中國同盟會」，其宗旨為「驅除韃虜，恢復中華，創立民國，平均地權。」簽名宣誓發起者共七十九人，其中湖南、湖北各二十人，廣東十七人，廣西、安徽各七人，江西二人，浙江、陝西、河北各一人，另有日籍三人。從此黃興的革命事業進入新階段。

一九○五年八月二十四日，同盟會在東京正式成立，推舉孫中山為「總理」，黃興為「庶務」（等於今日之協理，總理缺席時，有全權主持會務），馬君武、陳天華為祕書，張繼為判事，宋教仁為檢事，立刻展開革命行動。在這裡必須強調：黃興對孫中山是很敬仰的，認為孫是革命前輩（孫長黃八歲），黃提名孫為總理，自願居「副手」，以當時同盟會的成員來說，與黃親近、共過華興會事業的人占絕大多數，如果

用民主選舉的方式，黃居絕對多數，但黃識大體，堅決主張請孫領導，這種氣度和遠見，在革命陣容中是極其難得的！同盟會成立一個半月後，孫中山離日本赴南洋籌款。會務，也就是要「推翻滿清」的革命重責，便完全落在「庶務」黃興一人的肩頭。

三、九次起義，奮不顧身，推翻滿清

黃興是典型的湖南脾氣，說幹就幹，決不退縮。總理孫中山既然交給他負責，他就馬上採取行動。有了華興會的經驗，加上同盟會來自各省的菁英，他觀察國內情勢，要舉兵起義，以從邊疆地區開始為有利，因為邊疆省分天高皇帝遠，清廷的力量較弱，民眾對朝廷的向心也較差。他的首選目標是中國的西南各省。第一個目標是廣西省，於是他祕密到達廣西省的重鎮桂林。

桂林及附近地區有黃興的好友、同志蔡鍔、鈕永建、郭人漳等多人握有部分兵權，都是新軍的骨幹，黃興在那裡好幾個月，宣傳革命理想，建立同盟會分會的組織；甚至化妝和尚到民間去宣傳。但廣西省巡撫李經羲相當幹練，起事不易發動，黃興便離開廣西轉向雲南發展。

同盟會成立後，同志們紛紛自日本回國發展組織，興辦報章雜誌，發行書籍，鼓吹革命思想，一時之間，華中、華南、華東各省革命思潮風起雲湧，革命團體更如雨後春筍，到處湧現。黃興成為各省革命起義的推手，他所到之處聚集同志，發動起義，在短短的五年多當中，他發起九次起義；包括：

1. 萍、瀏起義：一九〇六年十二月四日，黃興在經過半年以上的祕密籌劃和動員之後，在湖南省的瀏陽縣和江西省的萍鄉縣，高舉起義的旗幟。萍鄉、瀏陽雖分屬湘贛兩省，但卻相距不遠，可以互相呼應支援，主要負責人是劉道一和蔡紹南，以「運動新軍、重整會黨」為主幹；重要幹部龔春台等三十八人，起義總人數數千，但究竟是「秀才用兵」，紀律、合作、槍械都不夠水準。清廷動員五萬軍隊，團勇全力圍攻，在萍、瀏廣大地區，會戰四十天，起義軍終

告失敗。一九○七年一月十四日義軍全軍覆沒！但這次黃興主導，同盟會第一次的起義，使滿清朝廷大大震驚，甚至要借用外國軍隊來鎮壓，英、美、法、德、義各國軍艦二十三艘齊集武漢，準備對起義軍採取必要的行動，可見萍、瀏起義影響之大！

2. 黃岡起義：黃興親自籌劃指導的「萍、瀏起義」失敗，他當然極其傷心，尤其幾位年輕的同志死難，令他特別痛苦，但他革命的決心和勇氣卻更加堅定。一九○七年春他把同盟會庶務的工作交給宋教仁代理，自己潛赴香港策動，於是有當年六月間，由同盟會會員許雪秋、陳湧波、余丑等領導的「黃岡起義」。他在廣東省心臟地帶潮州，發動了八百多人，但清軍實力要強得多，結果腹背受敵，宣告失敗。

3. 七女湖起義：黃興又在廣東惠州策動了鄧子瑜等人，那年六月在山區組織游擊武力約二百多人，從七女湖地區襲擊清軍，卒以人少力薄，最後只好解散。

4. 欽、廉起義：黃興於同年九月策動王和順等，想運用欽州和廣州不滿朝廷苛捐雜稅的情緒，聯絡新軍中革命軍官共同起事，率領數百人攻打防城，終因力量單薄，退入附近山區的十萬大山。

5. 鎮南關起義：一九○七年底，黃興在孫中山親自帶領之下，由越南至鎮南關，義軍數百人，利用法軍提供的迫擊砲，斃敵二百餘人。清軍大隊來援，只得退回越南境內。

6. 欽、廉及廣西上思起義：孫中山於鎮南關之役後，派黃興再去十萬大山，聯絡欽、廉之役的同志，時為一九○八年三月，越南的同盟會同志也發動多人參加，共二百餘人；擊敗清軍多人，轉戰欽、廉和上思一帶，卒因彈藥不濟，仍回十萬大山。

7. 雲南河口起義：孫中山派黃興為「雲南國民革命軍總司令」，發起河口起義，時為一九○八年四月，因事出誤會，越南的法國警察逮捕黃興，送往新加坡，義軍失去統帥而失敗。

8. 廣州新軍起義：一九一○年二月，是孫中山和黃興發動，因準備不周而失敗。以上八次起義，黃興大半親自策劃、參與，深入敵後，

艱苦備嘗，只有一、二次是孫中山親臨的。黃興痛感革命鉅業的艱難，次次失敗，次次有同志犧牲，根據五年內八次起義的經驗，決定發動同盟會全黨菁英在重要城市，對清廷作致命的一擊，這就是史稱「黃花岡之役」。

9. 一九一〇年四月在黃興的指揮下，從華僑和留學生中挑選八百人組成「敢死隊」，分為四路，以廣州為起義目的地；聯絡當地新軍防營以及會黨支持，大幹一場，黃興親自率領第一路志士衝鋒。在起事前，黃興寫信給南洋的同志：「本日馳赴陣地，誓死身先士卒，努力殺賊！書此以當絕筆。」另一參加起義青年同志林覺民留給他父親的信中說：「兒死矣！為累大人吃苦，弟姐缺衣食耳，惟大有補於全國同胞也！」另一熱血青年，方聲洞給父親信中有云：「祖國之存亡在此一舉，望大人以國事為重，勿傷兒之死，則幸甚矣！」真是人人慷慨赴義，視死如歸，驚天地而泣鬼神！

一九一一年農曆三月二十九日，下午五時半，黃興親率第一路方聲洞、林覺民、朱執信、林時塽等敢死隊共一百六十餘人，臂纏白布，手持槍械、炸彈，由廣州小東營出發，猛攻兩廣總督府，沿途掃蕩巡警和衛隊，擊斃清軍管帶（營長）金振邦，衝進總督府二門，直入後堂，想活拿總督張鳴岐。但張丟下父母妻姿，越牆逃至水師提督李准的衙門，與李准召集大批清軍反擊。林覺民重傷被俘，林時塽中彈陣亡，黃興率眾猛攻，方聲洞又遭擊斃；黃興右手中彈，中指、食指被擊斷，流血不止，仍率眾奮戰，終以眾寡太懸殊，且戰且走，同時等待其他各路同志的支援，卻毫無消息；黃興乃退入小巷，進入一家雜貨店，然後化妝潛逃到珠江南岸的一個革命機關房屋內方告脫險。

此後，因原訂的四路起義人馬，只有黃興率領的第一路採取了行動，其他姚雨平率領的第二路，陳炯明率領的第三路都按兵未動；胡漢民的第四路，多數人還在香港，根本來不及參加，以致黃興孤軍奮戰，犧牲慘重，大半同志非死即傷或被俘，被俘者都慷慨就義，殉難烈士遺骸四散。幸當地善堂總管徐樹棠，在廣州同盟會

會員潘達微說服下，決定撥自有「紅花岡」的土地一處作為安葬烈士們之所，得遺體七十二具；後潘提改「紅花岡」為「黃花岡」；於是「黃花岡七十二烈士」由此得名，留名青史！

一九一八年，民國早已創立，僑界為七十二烈士興建陵園。孫中山在坊門上題：「浩氣長存」四個大字並為文曰：「是役也，碧血橫飛，浩氣四塞，草木為之含悲，風雲因而變色……直可驚天地，泣鬼神！與武昌革命之役並壽！」黃花岡起義，是武昌雙十起義的前奏，由於黃興領導的「三二九」，犧牲慘重，全國震動，武昌起義乃得一舉成功。故黃興在推翻滿清，締造民國，實厥功最偉！也是犧牲最大的第一號英雄人物。

四、「孫氏理想，黃氏實行」的辯正

在「推翻滿清，建立民國」的偉業過程中，拋頭顱、灑熱血的革命先烈，指不勝屈，等到辛亥革命成功，又有袁世凱稱帝，最後仍是堅持民主，反對帝制的國民黨獲勝。事前事後國人檢討革命成敗功過，乃有「孫氏理想，黃氏實行」一詞出現，意指孫中山先生是革命的鼓吹者，有心人士誣孫為「孫大砲」，只會講，不會做。而黃興則是一位實幹家，多次革命行動，都是他親自策劃發動，而且親冒矢石，在黃花岡一役甚至身負重傷。兩相對應，「孫氏理想，黃氏實行」之說，自有其動人之處。但按諸自興中會、華興會、同盟會、國民黨、至中華革命黨三十年史實的發展來看孫、黃兩氏對推翻滿清、打倒袁氏的貢獻，這句「評語」實有失平允！

當代歷史學家劉遐齡博士對這個問題作了很詳細的研究和考證，寫了一篇長文，題為：〈同盟會與華興會的淵源──孫黃交誼安危艱苦十一年〉，登載在國內重要的雜誌上，有精采的論證，特錄其原文如下：

「孫公因較黃公長壽，早於黃公八年而生，後於黃公九年而逝。是以孫公能早於黃公而首倡革命，後於黃公而創建並完成三民主義的理論體系與民主政治的具體規模。然而黃公參與歷年起事，以迄討袁之役，幾乎無役不從，所以『孫氏理想，黃氏實行』的說法，更是使人信服。

不過此一說法，並非是說孫公徒有理想，而無實行；黃公徒知實行，而無理想。事實上有關孫公實行的史實、著作汗牛充棟；而黃公的革命思想策略與建國方略宏圖，亦是史冊浩繁。

不過革命期間，孫、黃兩公相處的時間，並不太長。恐怕他們相處最密，相知最深，相談最洽的時間，可能還是一九○五年『中國同盟會』在東京成立前後的酷夏。他們在此數月時間，兩公相知相敬。但是其後民國建立，袁氏帝制自為，中國統一的大功，未能完成。各方對於歷次失敗的原因，或亦交相究責。當時各個同志對於『孫氏理想，黃氏實行』的評價，又有不同的解說。甚至曾為滬軍都督的陳其美（英士），也曾對『黃氏實行』一詞，深表同意，認為對黃公稱為『革命實行家，則海內外無賢與愚莫不異口同聲，於足下無所損益』；但對『孫氏理想』一詞，則至以為病。

英士先生在他有名的〈致黃克強先生書〉中，特別認為『孫氏理想』一詞的說法，實乃是人們對於孫公的『詆諆』。而他本人且亦因誤以為孫公『過於理想』，而認為孫公有關某些革命的策略和步驟，不是太『理想』，或是『空虛而不切實際』；所以他也未能或不願遵照執行，以致革命工作，未竟全功。所以一九一五年陳英士先生在流亡日本時，乃以情詞懇切自責的故人情義，函勸遠去美洲的黃公，大家應依孫公改組後的『中華革命黨』的規定，『一致服從孫中山先生領導，繼續革命』；其原文不但透示了英士先生對於他所尊為『吾黨健者』的黃公，極為稱許，但他也以春秋責備賢者和自責的精神，自我檢討，認為他人及黨內同志，有時且包括黃公『足下』在內，過去或與孫公的意見相左，或對孫公的革命策略和計畫，未能同意執行，以致事無所成或失敗，而對革命同志有負於孫公者，曾有極為詳慎的客觀分析和檢討。

他又強調『理想者事實之母也，……中山先生之提倡革命，乃經二十年後，卒能見諸實行者，理想之結果也。』所以最後英士先生在其信中，動之以情而曰：『竊維美與足下，共負大局安危之責，實為多年患難之交，意見稍或差池，宗旨務求一貫。惟以情睽地隔，傳聞不無異詞；緩進急行，舉動輒多誤會。相析疑義，道故班荊，望足下之重來，

有如望歲。迢迢水闊，懷人思長；嚶嚶鳥鳴，求友聲切。務祈足下剋日命駕言旋，共肩艱鉅。……陰霾四塞，相期攜手同仇；滄海橫流，端賴和衷共濟。……」此信情詞懇切，足見英士先生，對於黃公的革命情感，而其對孫、黃兩公合作，建國必成的憧憬，殷殷切切，更是躍然紙上。」

很顯然的，推翻滿清政府，建立民國偉大革命事業的成功，孫、黃二氏各領風騷，孫氏是偉大的宣傳家、思想家，毫無疑問，絕非黃氏所能及。但孫先生絕對也是實行家，他親自參與起義行動次數較黃氏為少，但只要他有時間、有機會，他還是勇往直前，奮不顧身，鎮南關之役就是很好的例子。黃克強先生是眾所推崇的革命實行家，但他所受的教育和他對民主革命的抱負，他的主張和理想，尤其他令人心服口服的革命宣傳，使各階層的人，都願獻身革命起義大業，赴湯蹈火；這種說服的力量，如果沒有崇高的理想是絕不可能的！

因此，我認為陳其美（英士）先生，以他追隨孫、黃二氏時間之久，認識之深，在他的〈致黃克強先生書〉的立論是很持平、很客觀的；那就是：「孫氏理想又實行；黃氏實行又理想」，其不同之處，即在重點和分量的差異而已！我對劉逌齡博士的大文，至為心折，希望此文一出能擺平「孫氏理想，黃氏實行」爭論近一百年的公案。

五、「無公則無民國」，垂名百世

黃興雖沒能參加辛亥十月偶然爆發、獲得成功、推翻滿清的革命行動，但他立即趕到武昌，策劃並領導抵抗袁世凱南下大軍鎮壓革命的進攻，即史稱「漢陽之役」。如果沒有黃興的堅守，正如黨國元老居正事後評論：「自黃克強堅守漢陽後，各省得乘機大舉，次第響應，使革命日壯，基礎日固。」黃興於穩住武漢局勢，各省響應清廷退位已成定局後，一九一一年（辛亥）十一月底，由漢口乘輪船赴上海，十二月一日到達。那時孫中山尚在自美返國途中，眾推黃為「大元帥」，負責組織臨時政府，他力辭不就，一定要等孫先生回國，請孫領導國家，他的名

言「名不必自我成，功不必自我立」，令人敬佩！同時他一再以「太平天國」因爭功而覆亡的例子與同志相勉勵，使眾人動容！他這種「大公至正」的風度，博得全國人的景仰。

一九一二年元旦，中華民國在南京宣告成立，黃興領銜提請孫中山就任臨時大總統，他自己則受命出任陸軍總長，即最高軍事首長。但各省軍事領袖是由自任「都督」（即全省最高軍事長官）掌控，名義上支持民國，實際上黃興都管不到。臨時政府自己的軍力極其有限，他雖然想立刻開始建成一支武裝部隊，但時間和環境都不可能。於是一心想帝制自為的袁世凱，一面派唐紹儀赴南京談判，一面派大軍抵達南京長江對岸，壓迫孫中山讓位給他。孫、黃深知臨時政府無力抗拒，乃在要求袁世凱「宣誓」效忠民國，不改變民國體制，獲袁同意照辦後，孫立即讓位給袁，臨時政府曇花一現，僅有兩個月的壽命，真是革命的悲劇！

袁世凱於民國元年（一九一二）三月十日在北京就任「第二任臨時大總統」（表示他是繼承孫中山的第一任），同盟會已改組成為「國民黨」，是第一大黨。袁氏是一代梟雄，他在早已立志做皇帝的觀念下，仍虛情假意做了一些敷衍的事，包括：1.邀請孫、黃赴北京，擺大場面歡迎（民國元年八月）；2.封黃興為上將，黃三次力辭不就（因是與黎元洪、段祺瑞同時發表，黃引為奇恥大辱）；3.授孫文大勳位，授黃興二勳位，卻遭孫、黃嚴辭拒絕！

那時，國民黨在新成立的參議院占絕大多數，領導人是黃興多年戰友宋教仁，宋堅決主張實施內閣制，以平衡袁世專權，故袁視宋為眼中釘。民國二年（一九一三）三月二十日晚，宋教仁被刺於上海火車站，二日後死亡，黃極感悲傷。幸主辦此案的上海總巡捕房（即上海租界的警察總局），查明並逮捕兇手武士英，主使為應桂馨和洪述祖等；真正幕後策動當然是袁世凱，黃在輓宋對聯中即明指：

　　前年殺吳祿貞，去年殺張振武，今年又殺宋教仁；
　　你說是應桂馨，他說是洪述祖，我說確是袁世凱。

黃對袁世凱的痛恨，勢不兩立，由此可證。

　　袁世凱在殺掉宋教仁後，極力拔除親國民黨的地方勢力，民國二年五月六日，袁在總統府召集祕密會議，決定逐一解除支持國民黨南方各省「都督」的職務，並密謀除掉孫中山和黃克強。這些消息自然也傳到孫、黃耳中，於是力求反制之道，開始和親國民黨的各省「都督」密商反擊。袁世凱先下手為強，六月九日下令免除反袁最烈，江西省都督李烈鈞的職務，調北京等候任用。黃以為倒袁時機已至，六月十二日即與孫中山籌劃討袁軍事行動。袁則更變本加厲一連免了廣東和安徽兩省都督的職務，同時派他一手培養的北洋軍隊分批南下各省鎮壓反袁勢力。在黃興發動下，南方各省都督人人自危，紛紛參加倒袁的行列，從六月十二日到二十日短短的十天內，江西、廣東、上海、浙江、廣西、江蘇、安徽、華東和華中、華南省市相繼宣布獨立，不接受北京袁大總統的領導。二十二日黃興在南京召開軍事會議，一致公推岑春煊為「討袁軍大元帥」；孫中山同日發表〈告全體國民促令袁氏辭職宣言〉和〈致袁世凱電〉等重要文告，國民黨發起的「二次革命」自此開始。

　　多省都督雖公開宣布獨立，卻缺乏全力推翻袁氏的決心。袁世凱北洋大軍壓境，首先江蘇省和江西省的軍事對抗失利；而身為「討袁軍大元帥」的岑春煊，卻躲在上海稱病不出，又發表文告，表示事不關己；袁氏則到處收買各省直接握軍權的師旅長，以致叛變降袁的事件不斷發生。七月間在江西、江蘇和上海等地討袁的軍事行動先後失利。黃興原擬死守南京與袁決一死戰，但他的親信部將，號稱「小諸葛」的陳裕時，力勸他不可作無謂的犧牲，黃乃於七月二十九日凌晨一時，在南京下關登上日本輪船「龍田號」離開南京，「二次革命」壽終正寢！是黃興一生中最悲慟的時候，他作了兩首詩，表達自己悲憤與自責的心情：

> 東南半壁鎮吳中，頓失咽喉罪在躬。
> 不道兵糧資敵國，直將斧鉞假奸雄。
> 黨人此後無完卵，民賊從茲益恣凶。
> 正義未申輸一死，江流石轉恨無窮。

誅奸未竟恥為俘，捲土重來共守孤。

豈意天心非戰罪，奈何兵敗見城屠。

妖氛煽焰憐焦土，小丑跳梁擁獨夫。

自古金陵多浩劫，雨花臺上好頭顱。

　　其實二次革命失敗更有其政治方面的原因：袁世凱雖然一直有稱帝的夢想，但民國二年（一九一三）時，他的確仍擺出一副支持民國的架勢，年初他任命了國民黨的熊希齡組閣，又力邀他的死對頭梁啟超入閣、出任重要的財政總長，他稱帝的野心尚未顯露出來。國民黨因為他調整部分省政首長（都督）而發動革命，不僅北洋系的軍頭認為是造反、是叛變，是為了爭奪政權，即使若干國民黨的同志居省政要津者，如蔡鍔，也是不表贊成，甚至公開反對，不惜以武力相見。在這種情勢下，二次革命弄到功敗垂成，煙消雲散的下場。就黃興來說，真是空前的挫敗，情何以堪！

　　黃興自南京出亡，乘日本輪船，在袁氏政府巨大壓力之下，幾次改乘輪船，多次不准在日本登岸，歷經險阻，經過近三十天的折磨，由上海、而香港、至八月二十七日才抵達日本，最後總算讓他在日本隱居，不得作政治活動（因為袁氏通緝他）。他覺得「此地不留人，自有留人處」，乃決定前往非常同情他，而袁世凱勢力鞭長莫及的美國。

　　一九一四年（民國三年）六月三十日黃興離開日本赴美國，他的妻、妾和三名子女、四名隨從隨行。滯留日本東京近八個月，孫中山也流亡到日本，兩人見了三次面，最後一次是六月二十七日孫送了他那副「安危他日終須仗，甘苦來時要共嘗」的名聯。黃興於七月十五日抵美，先小住舊金山，然後遊歷芝加哥、紐約、華盛頓等地，最後定居於費城近郊，歷時兩年。在此期間國內發生劇變，包括：1.一九一四年七月八日孫中山正式改國民黨為「中華革命黨」，孫自任總理，副座一席考慮留給黃興。2.一九一五年五月九日袁氏接受日本的〈二十一條〉極不平等的條約，全國大譁，群起反對。3.同年八月十四日，袁氏心腹楊度等成立「籌安會」，主張改共和國體為帝制，為袁稱帝鋪路。4.同年

十一月十二日袁氏正式接受帝位。5.一九一六年袁改民國五年為洪憲元年自稱大皇帝，實現了他「帝制自為」的美夢。

袁氏稱帝的陰謀逐漸明顯之後，黃興的年輕戰友，同盟會重要同志之一──二次革命與黃興唱反調的蔡鍔，於一九一五年九月底密函黃興，長達十七頁，詳告國內情勢和準備倒袁的計畫，徵求黃興的意見。黃極其感動，也極贊成，並立刻採取行動，派兒子黃一歐去東京，請孫中山發起倒袁；同時要求在美國和日本的同志共同行動，又策動國內有實力的李烈鈞等赴雲南與蔡鍔共同發動，於是袁氏稱帝之日，雲南即組織「護國軍」對袁世凱宣戰。黃興在國外聞訊，極其振奮；在元月四日寫給一位同志的信中說：「蔡君松坡赴滇首難，鄰省響應。昨接電云：東南各省亦相約保滇。除彼獨夫，為期當在不遠。興義當歸國，效力戰場。」蔡鍔領導的護國軍與北洋軍在四川對陣，連獲勝利，三月三十一日起停戰，雙方僵持不下。

黃興於那年五月九日由美國到達日本後，立刻致電袁世凱要求他立刻退位，但袁氏不僅不聽，而且於五月十八日派人刺死反他甚烈的上海都督陳其美（英士），引起更激烈的倒袁風潮。六月六日袁世凱死亡，次日黎元洪以副總統的地位就任總統，七月四日黃自日本回到上海與孫中山商談國事。回首三年來的巨變，感慨萬千！

袁世凱被推翻、死亡，領導護國軍的天才軍事家蔡鍔成為倒袁第一英雄（其詳見後面另一篇專文）。黃興回國日以繼夜為國家的團結奔走，極其辛苦，以致他的宿疾胃出血復發，病情日漸嚴重。章太炎描寫他：「其聲嘶楚，語頓挫，不能為長言。」那年（民國六年）雙十國慶他因體弱無法參加慶祝大典；十月三十一日凌晨四時黃興與世長辭，享年四十有二，真是天妒英才，革命家不得其壽！

時已病入險境的蔡鍔，非常悲痛，輓黃一聯云：

方期公挽我，不期我悼公，國事回思惟一哭；
未以病危憂，竟以憂成病，此心誰與寄同情！

果然，蔡鍔於八天之後，即十一月八日，在日本醫院中病逝。一位「開國英雄」，一位「倒袁英雄」，在短短八天之內相繼殞落，四萬萬中國人同聲哀悼。黎元洪總統下令為這兩大英雄人物舉行「國葬」，次年（一九一七、民國六年）四月十五日，黃、蔡兩公入葬於故鄉湖南省會長沙、湘江對岸的名勝地點——岳麓山。

綜觀黃克強先生的一生，組織同志致力革命，親冒矢石，永不退縮。終能激起風潮，推翻五千年專制，建立亞洲第一個民主國家，其實踐精神，即孫中山亦自覺不及，追悼會上，精采的輓聯無數，作者認為章太炎輓他的對聯最為傳神：

> 無公即無民國，有史必有斯人。

對！如果沒有黃興，民國何時能成立，真很難料！這位「開國英雄」實足以流芳百世！

柒、倒袁英雄蔡鍔

提起蔡鍔，後代人多半只記得他和北京名妓「小鳳仙」的風流韻事。他那副賜小鳳仙的名聯：「自古佳人多穎悟，從來俠女出風塵。」更是膾炙人口，長久流傳，令人讚嘆！其實蔡鍔是一位鐵血軍人，受過極嚴格、極完整的日本軍官教育，是一代的軍事家，也是傑出的革命家，在中華民國歷史上占有非常特殊的地位。

一、梁啟超最得意門生

蔡鍔字松坡，湖南邵陽人，出生於農家，是一個天才型的人物。十三歲就考取了秀才。十六歲赴省會長沙，進入梁啟超等先進思想人物創辦的「時務學堂」。時梁任「中文總教習」，一見蔡就極其賞識，成為忘年交。蔡一生受梁的影響極大，他在十七歲時，因梁的協助才得東

渡日本，進了日本軍事學校，受了最完整的日本軍官教育（詳見後段）。其後辛亥革命、擁袁、倒袁，他都為梁的「馬首是瞻」，梁也以蔡為國家的希望所寄。民國史上，師生之情如梁、蔡者，可能只有孫（文）、蔣（介石）可以比擬。可惜松坡英年早逝，在最有成就——倒袁（世凱）勝利後，以喉疾病逝日本，享年三十有四，真是時代的，更是全中國的重大損失！

▲ 蔡鍔

梁啟超在他的〈祭蔡松坡文〉中有言：

> 自吾松坡之死，國中有井水飲處皆哭，寧更待吾之費辭。吾松坡寧哭我者，而我今哭焉，將何以塞余悲？

白髮人送黑髮人，真是情何以堪！蔡鍔之死，很可能是梁啟超不再對自己的政治生命懷有雄心和幻想，而願致力於著述與教育的主要原因。不過話得說回來，蔡鍔得此良師，任公得此高足，應屬難得的因緣，已無遺憾矣！

二、傑出的軍校學生

一八九九年蔡松坡得梁啟超的幫助，首次赴日本，時年僅十七歲，在梁的安排下進了東京的「大同高等學校」，修習政治、哲學等課程。不久，又考入在橫濱的「東亞商業學校」，打算從興辦實業方面從事國家建設。但他在東京參加了當時湖南革命會黨領袖唐才常的「自立會」，決心追隨唐回湖南從事反清廷的革命事業。唐才常也是梁啟超心目中有能力推翻清廷的人物，但次年（一九〇〇）蔡追隨唐回湖南發動革命，因會黨人多事洩，唐被捕就義，起義全盤失敗！松坡幸得脫險，再赴日本。於是矢志提筆從戎，並改名為「鍔」，鍔是寶劍鋒刃之意。

要以正義之劍，掃蕩反革命的勢力。皇天不負苦心人，蔡鍔就是在那年（一九〇〇）秋天，以自費獲准進入東京的「陸軍成城學校」。

那時日本的軍事學校分三級：最高是「陸軍大學校」，專為培養陸軍將佐與參謀人員而設；其次為「陸軍士官學校」，是培養陸軍基層幹部（少尉以上）而設；最低為成城學校則在培養「士官」，兼為「士官學校」的預科。「成城」為私立，專為外國學生（特別是中國學生）而設，一般課程是中學程度，另加軍事課程如兵操與體操等。蔡鍔在校年齡較小，除勤於功課外，也進行社會活動而且非常活躍，從十八歲到二十歲，兩年之內，他做了下面很有意義的事；主要在軍事教育：

1. 與湖南籍的留日青年們創立了「湖南編譯社」和「遊學編譯社」，蒐集大量的軍事政治資料。

2. 成立「成城學校」校友會，旋轉為「祕密結社」，與東京留學生三十餘人歃血為盟，以推倒清廷，建設新國家為宗旨。

3. 很重要的行動：與比他年長很多的革命家黃興結識，組織義勇隊，後來為了掩護表面上改名「民國教育會」，是他想用武力推翻清廷的開始。

4. 他與同時在日本的鄒容，共同撰寫震動全中國的《革命軍》一書，貢獻甚大，也對他革命思想的啟發，有決定性的影響。

5. 他以「奮翮生」的筆名在梁啟超所創辦的《新民叢報》發表連載專文〈軍國民篇〉，提出「軍國民主義」的主張。所謂軍國民主義即「全國皆兵主義」，強調富國強兵，陶鑄「國魂」。這種呼籲，在當時是很有煽動性的；而「軍國民主義」、「鐵血思想」很受到當時青年們的響應。

從上面這些事實，蔡鍔以一個不到二十歲的青年，居然對社會的思想和革命運動有如此突出的表現，可說他已非「池中物」了。

一九〇二年他畢業於陸軍成城學校，依規定應到部隊實習。同年八月他投入日本仙台騎兵第二聯隊為「入伍生」，正式接受部隊的磨練。十一月考取日本東京陸軍士官學校第三期騎兵科，接受非常嚴格的軍官教育，先是私費，不久就成了公費生。兩年之間他努力學習，吸收極多

的最新軍事學識。畢業考試，他在一百多名畢業同學中名列第五，與同班畢業的蔣百里（民國初期的兵學大師，曾任「陸軍大學」校長）、張孝准，被譽為「中國士官三傑」。由此可見他在兵學方面，四年的正規軍事教育奠定了很深厚的基礎，加以他在寫作方面的才華，是他日後編成《曾胡治軍語錄》的根據，他在軍事上是學而有成的。

三、卓越的軍事教育家和帶兵官

　　蔡鍔在日本兩個軍事學校的優異表現，自然引起國內當政者的注意，那時節清廷和各省大員都以羅致「新人」為尚，尤其是留日的軍事人才更為熱門。蔡鍔一九〇四年十二月回國，年僅二十二歲，因他在日本時曾經寫信給湖南巡撫（即省長）趙爾巽和當地仕紳，建議力行新政，故在湖南小有名聲。他一回國，江蘇、江西、湖南各省當局都想聘他臂助，他決定先赴江西，但他志在聯絡各地志士，所以工作變更得很快，下面是一張回國後工作的清單：

1. 一九〇四年十二月任江西省「續備左軍隨營學堂」監督；等於在職軍官訓練班的主任。
2. 一九〇五年二月改任湖南省教練處幫辦兼武備、兵目兩學堂教官（以辦軍事教育為主）。
3. 同年八月轉任廣西省「新軍總參謀官兼總教練官」，同時又兼隨營學堂總理官。不久調「新練常備軍總教練官和巡撫部總參謀官」，並兼領測繪學堂事。
4. 一九〇六年秋，北方新軍在河南省彰德縣舉行「秋練」（等於今日的「軍事演習」），蔡被聘為「中央評判官」。年底，廣西省創辦「陸軍小學堂」，巡撫張鳴岐聘他為「總辦」（即校長），第一次擔任「首長」，年僅二十四歲。翌年調兼兵備總辦（等於後勤司令）。他不負期望，表現卓越。
5. 因為蔡的優異成就，張鳴岐非常欣賞，兩年後正式給他兵權，二十六歲即奉派廣西新練常備軍第一標標統（相當今天的旅長）。

次年晉升廣西龍州講武堂（現職軍官訓練）總辦，兼辦「學兵營」，成為廣西全省軍官的老師。年輕氣盛，銳意整頓，因而遭忌，一九一〇年辭職。

6. 是年十一月，應雲貴總督李經羲之邀，轉赴雲南省發展。

從上面這張經歷，可知蔡鍔從日本回國後六年之間，歷任江西、湖南、廣西、雲南四省軍職，由辦教育訓練到帶兵，資歷可稱完整，是一段很有價值的磨練時期，更是他未來一飛沖天的堅實基礎。

四、從「擁袁」到「倒袁」

蔡鍔從廣西轉赴雲南任職，是他一生事業極大的轉變，更是他「龍入大海」「風雲際會」的開始。雲南地處中國西南邊陲，被視為「蠻荒之地」，真是「天高皇帝遠」，應該不會有太大的作為，但他在雲南只有短短五年，卻完成留名青史、驚天動地的偉業，真是不可思議！同時，請讀者注意：他不過是三十出頭的人，居然創造民國史上的奇蹟，如非天才豈能臻此？

一九一一年，正是辛亥革命之時，蔡鍔於那年三月到達昆明，等待北京的任命，七月，清廷發布上諭，任命他為「新軍第十九鎮第三十七協協統」（等於師長），是一個很重要的軍職，當然是他六年在廣西省練兵、帶兵聲名昭著的影響。那時，袁世凱在清廷掌握大權，袁對這位「新生之犢」也很有拉攏的意思，蔡獲此要職，對袁產生好感是很自然的。

那年十月十日武昌起義爆發，消息傳到昆明。雲南軍中的革命黨人，蔡鍔當然在內，祕密聚議，決定十月三十日響應，公推蔡鍔為「起義軍總指揮」，三十日晚蔡率軍突擊雲貴總督府成功，占領了城外五華山，兩日後起義軍在五華山成立「雲南軍都督府」，推蔡鍔為雲南都督（即全省最高首長），時年二十九歲，應該是當時全中國最年輕的省領導人吧！在他的部屬中，連長朱德（後來解放軍總司令），是他的忠誠追隨者之一，對蔡鍔一直都極其敬仰。

蔡鍔為紀念雲南起義成功，作了兩首詩：

雙塔崢嶸擁翠華，騰空紅日射朝霞。
遙看傑閣層樓處，五色旗飛識漢家[18]。

東風吹徹萬家煙，迎面湖光[19]欲接天。
千載功名塵與土，碧雞金馬[20]自年年。

那時他對中華民國創立，掛「五族共和」的五色國旗，在碧雞金馬的昆明湖畔，是有無限喜悅之情的！

雲南革命成功，蔡鍔主政，立即推動一連串的政治、經濟革新，顯露一番新氣象。翌年（一九一二）元旦，孫中山在南京成立中華民國政府，推為臨時大總統，蔡鍔通電擁護。但次月袁世凱擁重兵，迫清帝（幼年的宣統）退位後，立即兵臨南京江北，迫孫讓位給他。三月一日袁於宣誓效忠民國後，接任臨時大總統，那時他「稱帝」的野心尚未畢露，邀國民黨重要人物之一熊希齡組閣，孫中山和革命同志們對袁尚存幻想。梁啟超參加了熊內閣，擔任財政總長。似乎民主政治在中國已經展開了。

這時，在雲南省的蔡松坡都督，一度介入四川和貴州的軍事行動，名震川、黔、滇三省。因受到梁啟超的影響，認為袁世凱是民國的支持者，對袁表示好感和支持。袁對這個名震西南的軍政青年領袖自然不敢忽視，極力拉攏，任命他為雲南都督。他認為袁可能是民國的主導人物，所以在宋教仁被刺後，孫中山發動「二次革命」，他是站在袁世凱一邊的，對國民黨的大將李烈鈞、譚延闓、熊克武等，持反對立場，甚至兵戎相見，留下了他生命史上一個汙點，主要是他受老師梁啟超的影響，對袁認識不清。

---

[18] 民國初期國旗為紅黃藍白黑五色，表示漢滿蒙回藏五大民族贊成民主共和。
[19] 指昆明湖。
[20] 昆明的歷史建築。

國民黨「二次革命」挫敗，使袁世凱以為稱帝的時機成熟，立即露出推翻民國的種種惡行。為了穩住蔡鍔，他一再邀請蔡「入京任要職」；蔡為他所愚，居然離開雲南的根據地前往北京。袁見陰謀已遂，等蔡定居北京後，只給他一些有職無權的閒差：包括：1.陸軍部編譯處副總裁；2.總統府軍事處參議；3.全國經界局督辦（主管土地測量）；4.賜榮銜「昭威將軍」。但在真正擁有權力的「陸海軍大元帥府」中，蔡卻無一席之地，可見袁世凱對他的防範。

但蔡鍔對袁仍有幻想，以為袁既已宣誓效忠民國，應該不致自違誓言。可是他於一九一三年（民二）年底前到達北京後，親眼看到袁氏一步一步走向帝制，包括袁氏強迫國會議員選他為正式大總統以及解散國民黨；進一步公然下令停止參、眾兩院議員的職務，全部資遣回原籍；又改國會為立法院，隸屬大總統；更廢除國務院，改為政事堂。蔡鍔對這些袁世凱反民主和集大權一身的舉措「越看越不對」，於是開始對袁產生反感，那是他到北京不到一年時間的事。

一九一五年五月袁氏為了鞏固權位，陰謀稱帝，居然接受了喪權辱國日本所提出的二十一條，使蔡鍔幡然覺悟袁世凱決定稱帝的奸謀，於是決心離開北京。那年八月十四日袁宣布成立「籌安會」，積極準備稱帝。蔡鍔非常憤慨，次日即赴天津，與老師梁啟超密謀反袁之計，他向梁表示：決以討袁為己任，拚命去幹這一回。

五、「金蟬脫殼」離北京

袁世凱對梁、蔡當然極其懷疑，對他們祕密監視極嚴，尤其對蔡鍔更是下令二十四小時的監控。蔡鍔知道自己身處險境，要想離開北京回到雲南根據地，絕非易事，於是演出了一幕「金蟬脫殼」的佳話。

蔡鍔應召到北京，原有一番抱負，所以連家眷也帶去了。他原是生活嚴肅，極愛妻兒的人。為了使家人能安然離去，一方面表面上敷衍袁氏，在「主張中國國體用君主立憲」的文件上簽名；另一方面私生活變得極其放蕩，經常出入著名的「風化區」——北京的「八大胡同」，打

牌、酗酒、嫖妓，無所不為，贏得了「風流將軍」的惡名，他結識名妓小鳳仙就在這個時期。十一月蔡鍔與夫人劉氏大吵一架，到了動武的程度，北京滿城皆知。袁世凱得訊，立刻派親信前往調解，蔡餘怒未息，決定把眷屬送回湖南老家，以示決絕。袁無奈，不知是計，只嘆息了一聲：「松坡簡直是小孩子一樣！」蔡的妻兒乃得安然離京，完成了他回雲南的第一步。

接著他密邀雲南反袁同志戴戡、貴州同志王伯群等來京，商討一旦袁氏公然稱帝，應如何部署倒袁的軍事活動，訂立了初步規劃。袁氏得到了風聲，監控更嚴，一定要把蔡鍔軟禁在北京，於是演出了從小鳳仙豔窟中祕密逃離北京精采的一幕。

據小鳳仙於一九五一年解放後，在東北瀋陽對梅蘭芳（時任國家京劇院院長）的敘述，蔡鍔常到她服務的妓館「打茶圍」；袁世凱的第三子也常來打聽蔡的行蹤。蔡來時必有便衣多人入館監視，並警告她少與蔡來往，她很敬重蔡，情誼甚密；於是蔡為出走事請她幫忙，送了她後代傳誦的那副對聯。就在十一月十一日晚，蔡來了，把衣帽和昂貴的懷錶，放在密探可看到的地方，密探以為蔡在小鳳仙處過夜。深夜，蔡以小便為由迅速離開娼館，即搭火車赴天津。次晨，密探見蔡失蹤，嚴詰小鳳仙不得要領。蔡乃得由天津乘輪船赴日本，轉香港至越南，乘火車回到昆明，脫離了袁氏魔掌。時人劉成禺為此事寫了一首七律，傳誦京師：

> 當關油壁掩羅裙，女俠誰知小鳳雲。
> 緹騎九門搜索遍，美人挾走蔡將軍。

於是小鳳仙放走蔡鍔成為後世的定論。但歷史上對此「金蟬脫殼」之計也有不同的記載，例如當時北京聞人哈漢章就堅持蔡的潛逃是由於他的協助，邀蔡參加他八十歲祖母壽筵時逃走。但蔡和小鳳仙的一幕，太浪漫、太精采了！其他的說法，後世人都不在乎了！倒是袁世凱聽到蔡已祕密離京，密探們前功盡棄，乃頓足自恨說：「一生賣人，不期今乃為人所賣。」真是強中更有強中手。就憑這一點，蔡也可青史留名了。

六、倒袁起義，一戰成功

蔡鍔回到昆明後，立即安排倒袁的事。那年（民四）十二月十二日袁世凱改中華民國為中華帝國，登基稱帝；次年，改元「洪憲」，全國大譁。蔡鍔於十二月二十一日與雲南軍官及各省到達昆明的愛國志士，包括李烈鈞、唐繼堯等密商倒袁大計，次日即與雲南軍隊的眾多軍官歃血為盟，宣誓討袁。二十五日（即歐西聖誕節之日）蔡鍔、唐繼堯等正式宣布雲南獨立，公開討伐袁大皇帝；事成後北京政府訂為雲南起義紀念日，作者在中學時代，這一天還放假以示慶祝呢！足見倒袁成功是中華民國歷史上一件大事。

袁氏對蔡鍔獨立要打倒他，自然極其震驚和惱怒，於是派遣大軍赴雲南鎮壓，蔡鍔以他軍事天才組成「護國軍」，誓師北伐，自任第一軍總司令。民國五年（一九一六）元旦從昆明率軍北攻四川，袁世凱派他的「北洋大將」曹錕率重兵赴川。兩軍於一月十五日戰於川滇邊境的新場、燕子坡一帶，蔡軍大勝；二十一日護國軍占領四川西部重鎮宜賓城，軍威大振！

這時，護國軍在蔡鍔領導下，已逐漸獲得西南各省軍政領導人的同情，開始對袁大皇帝表示不耐，隨著蔡鍔的軍事進展，加入倒袁陣容者排山倒海而來。下面是一張日程表：

一月二十七日貴州省宣誓反袁獨立；

一月三十一日袁部所屬第二師師長劉存厚宣布獨立，倒向護國軍；

三月十五日廣西省宣布反袁獨立；

四月六日廣東省宣布反袁獨立；

四月十二日浙江省宣布反袁獨立；

五月八日雲南、貴州、廣西、廣東各省在廣東肇慶成立「護國軍軍務院」，以梁啟超為政務委員長。倒袁的氣勢瀰漫全國。

在這段期間，蔡鍔與袁的精銳部隊苦戰；袁加派大將張敬堯、馮玉祥、龍覲光等率軍與蔡對陣，在川西互有勝負。三月十七日蔡發動總反攻，在川南瀘州的附近獲得大勝，一戰成功！二十四日雙方停戰。從此袁軍喪失鬥志，蔡鍔聲譽如日中天。

民國五年（一九一六）三月二十二日，袁下令取消帝制；仍保有「大總統」的地位。四月一日他向護國軍提出「議和條件」；次日，蔡鍔的答覆是要袁「引退」。六月六日袁世凱病逝北京，結束了他一生「機關算盡」、妄想做皇帝的迷夢，留下稱帝八十三天的罵名！蔡鍔當然成為「倒袁的第一英雄」了。

七、身後哀榮

蔡鍔在討袁戰爭近半年的期間內，精神和身體備受熬煎，他原有相當嚴重的鼻痛（可能為今日的鼻癌）。戰爭結束，他的病情加重，袁死後黎元洪繼任大總統。六月二十四日北京政府委蔡為「益武將軍」，督理四川軍務。七月六日正式任命他為四川督軍兼省長，是他一生事業的最高峰，可惜他已沒有享受革命成果的命運了。

同年七月二十九日，蔡鍔到四川首府成都就任省軍政首長的要職後，立刻向北京政府請病假。十天後他離成都轉重慶搭長江輪船赴上海，旋即乘船去日本。九月十四日住進九州福岡大學附設醫院治療，一個多月的急救無效，他的鼻疾已病入膏肓。十一月八日一代英雄與世長辭，得年三十四歲，與另一名革命英雄黃興的逝去，僅差八天而已！真是天妒奇才，令全中國四萬萬人對這兩大英雄的早逝極表哀慟。

松坡將軍病逝日本，遺體火葬，骨灰歸葬故鄉湖南，北京政府除特撥銀元兩萬元（購買力相當今日一千萬元）治喪外，大總統下令晉升他和黃興為「陸軍上將」，同時舉行國葬典禮，應該可說是「備極哀榮」了，他是受之無愧的！贈輓聯和祭文的名人不計其數，除了本文前舉梁啟超的感人祭文外，另有兩聯值得一提：

國父孫中山的輓聯最具代表性：

平生慷慨班督護，萬里間關馬伏波。

用班超、馬援的志業功勳來讚譽蔡鍔，應該是算貼切的！另一聯則據說出自小鳳仙：

萬里南天鵬翼，直上扶搖，哪堪憂患餘生，萍水姻緣成一夢；
幾年北地胭脂，自悲淪落，贏得英雄知己，桃花顏色亦千秋。

「倒袁英雄蔡松坡」是民國初年的一顆閃亮的彗星，他的光芒一閃，永遠存留在中國人的心中！

華夏一百六十年指標人物心態管窺

——中華民國的守護者：
　　孫中山、蔣介石

捌、革命建國思想巨人——孫中山

華夏一百六十年第四組指標人物是孫中山和蔣中正。作者稱孫為「革命建國思想巨人」，蔣為「民族復興巨人」是基於二氏的功業特色而來。孫先生無疑是中國革命、推翻滿清帝制以及其後倒袁和打倒軍閥，在思想方面的導師。民國成立後他只當了兩個月的「臨時大總統」；北伐以前，在廣州出任「非常大總統」也是曇花一現，功業實在難以認定。但他對革命思想的指導和建國規模策劃，到今天仍為中華民族奉為圭臬，中共領導班子也某個程度的予以奉行。故孫公為革命、建國思想上的「巨人」是很貼切的。

至於蔣中正，因為自北伐成功（一九二六）到他崩逝（一九七五），掌握國家權力長達半個世紀，恩怨情仇，糾結不清，其間的毀和譽更是難以勝計。但有一點是無人能否認的：他是一百六十年中第一個打敗強敵，讓日本帝國向中華民國「無條件投降」，使中國成為全世界四大、五強之一，更取消了所有的「不平等條約」，使中華民族揚眉吐氣於全球，一掃「東亞病夫」的惡名，他被尊為「民族復興巨人」應是實至名歸的！

至於「巨人」（Giant）一詞，根據《韋氏大字典》的解釋是：具有超級形象和力量的人（A person with superhuman size and strength）。孫氏在思想方面，為了革命、為了建國，確有超乎常人的形象和力量；而蔣氏在洗雪民族恥辱方面更是無第二人所能比擬！故孫、蔣二氏真正稱得上是「巨人」，不只是「英雄」而已。

先說孫中山。

一、最早接受西方民主思想的革命青年

　　孫先生名「文」，號「中山」（他在革命時期有很多別名，此處不提），是中國一百六十年來最早接收西方民主思想的人。他之所以倡導「革命」，拒走「君主立憲」路線，堅決不與「康、梁」合作，是由於他受了極深厚的美國式民主思想的影響。因為他早在十三歲的時候，就由母親帶到澳門，轉赴美國檀香山，依其兄長居住，先進入當地「意蘭奧尼學校」就讀，凡三年，以優良成績畢業，獲當地「土王」頒獎。旋轉入奧阿厚書院，等於高級中學。在這四年中，由十三歲到十七歲，遠離祖國，接受完整的美國教育，那是一八七九到八三年的事。據史乘記載，孫氏在檀香山求學期間熟讀美國開國元勳華盛頓、傑佛遜、富蘭克林等的傳記；又適逢美國解放黑奴不久，林肯的思想、演說和著作，也是中小學生所必讀。這一些，對一個十多歲的青少年自然有極大的吸引力！自由、民主、人權、反抗專制，尤其是反對帝制的觀念，深入少年孫中山的腦海。他之所以在反對滿清帝國，堅持民主革命，與他青少年時代飽受美國教育是具有極大的因果關係的。

　　環顧與他同時代的反清人物，包括康有為、梁啟超等，沒有一個人受過孫氏一般長久的美式教育。故孫氏革命意念堅定，也就不足為奇了。

　　再者，孫先生十七歲時在檀香山與他的哥哥孫眉（號德璋）意見不合，返回廣東故里後，翌年立刻去香港進「拔萃書院」就讀。第二年轉學到水準較高的「皇仁書院」。畢業後，短期進入廣州「博濟醫院」習醫。因不是正式的醫學院，二十一歲時即進入香港的「西醫書院」。

▲ 孫中山

五年後以第一名畢業，正式成為一位「西醫」，時年二十六歲。由此可知，孫先生從十三歲到二十六歲，十四個年頭內，僅僅約一年的時間住在廣東，其他歲月完全在美國和香港度過，他所受的教育和他生活的環境，鑄造了他民主革命思想，而他所學又是醫科，醫科學生往往是較為「反現實」「反權威」的。因醫生有救世濟人的本領，特立獨行，較不易為現實政治所左右。環境造就了孫中山，使他一步一步走向革命思想巨人的道路。

二、「叛逆性格」和「科技精神」的結合

　　美國和香港的民主、自由環境，雖然深深塑造了孫中山的革命思想，但一個二十來歲的青年，在那個專制帝國時代，願意置生死於度外，公開倡導革命，倒也是極其罕見的！其根本應該追溯他的個性，廣東人在中國各省人當中與湖南人相似，比較具有「叛逆性」或「反抗性」。孫中山在八歲時就因受欺侮打破鄰家「豆腐秀」的鐵鍋；十一歲居然公開反對他姐姐纏足；十二歲又反對村中人賭博而遭毒打；在檀香山住在哥哥家裡和哥哥大鬧信仰問題，憤而回廣州老家。由此可見，孫中山在青少年時代就有「打抱不平」的性格。及長，他常在著作中說：「革命就是打不平」，可說他除了環境的薰染以外，「打不平」的天性，使他成為一個「天生的革命家」。

　　一個天生的革命家自然明瞭「孤掌難鳴」的道理，於是他很快成為一位「組織者」。下面是他在革命思想萌芽時期發展革命組織的紀錄：

1. 十七歲（一八八三）從美國回到廣東老家，結識陸皓東等，成為最早的革命同志。
2. 二十三歲（一八八九）結交陳少白等，成為最忠實的革命同志。
3. 二十四歲（一八九〇）結識楊鶴齡、尤烈，與陳少白等共四人，倡導革命，被時人稱之為「四大寇」，開始受到滿清政府的注意和監視。那時他在醫學院還沒有畢業，就已進行革命思想的傳播。值得注意的是：他十九歲時（一八八五）初夏，奉父母之命與鄰村盧慕

貞小姐結婚，六年後，獨子孫科出世，所以他是一個有家、有室的人，而敢發起革命，的確有極大的膽識和遠見，值得敬仰！當然更是他「叛逆」性格的具體表現。

只有反叛性格和組織能力對革命的推動仍然不夠力量，他必須具有縝密的、合乎邏輯的頭腦，必須長於策劃和判斷。孫中山五年的醫科教育和訓練，彌補了他這方面的缺憾，使他知道利用科學的思維方式去分析問題、解決問題。孫先生一生的重大著作，從革命的思想講到建國大計，他都明顯地透露出合乎邏輯與科學的思考模式，使他由「革命思想巨人」，進一步成為「建國思想巨人」。

三、坎坷的革命事業

孫中山在他著名的「遺囑」中說：「余致力國民革命凡四十年。」在近半世紀的漫長歲月裡，他真是艱苦備嘗，經常在驚濤駭浪的情景中度過，生命受到威脅，名譽受到毀謗；同志的背叛，敵人的兇殘，都使他心頭滴血！尤其他幾次從高峰跌到谷底，真是忍人所不能忍。如果是一般人，也許老早就放棄這種千辛萬苦的志業了；可是孫先生確非「凡人」，任何艱險和阻攔都打擊不了他革命的志節！細數他從二十歲起到六十歲臨終（實際只有五十九歲），所發動的多次革命，其進程都極其坎坷。可分三階段，略如下舉：

（一）為推翻滿清、建立民國的十一次革命行動

1. 一八九五年十月，第一次廣州起義失敗。
2. 一九〇〇年十月，惠州起義又失敗。
3. 一九〇〇十月二十八日，同志史堅如為響應惠州起義，擬炸死兩廣總督，失敗以身殉。
4. 一九〇七年六月，同志許雪秋等發動「黃岡起義」，失敗，頗多死傷。
5. 一九〇七年六月，同志鄧子瑜等發動「七女湖起義」，與惠州起義

相呼應，因糧械不足失敗，亦多犧牲。

6. 一九〇七年九月，發動「欽州、廉州起義」，因有人叛變而失敗，退入十萬大山。

7. 一九〇七年十二月，他親自領導「雲南鎮南關起義」，血戰七晝夜，終不敵極優勢的清軍，退入越南境內，死傷甚重。

8. 一九〇八年三月再在「欽州、廉州及廣西上思起義」，又遭敗績。

9. 一九〇八年四月至六月「雲南河口起義」，因法國人錯誤的干預而失敗。

10. 一九一〇年二月發動「廣州新軍起義」，也以失敗落幕。

11. 一九一一年四月，發起最壯烈的一次「黃花岡起義」，仍告失敗，犧牲慘重。

這十一次革命起義，雖是次次失敗，犧牲甚眾，但激發了全國民心，凝聚了無比的革命能量。終於一九一一年十月十日，武昌一聲槍響，全國響應，清廷應聲倒地。一九一二年元旦，中華民國在南京創立，推孫公為臨時大總統，實現了國民革命成功的初階。

（二）倒袁革命的悲與喜

孫氏就任中華民國第一任臨時大總統，雖是震動世界的大事，卻是他另一場噩夢的開始。因為從上舉十二次革命行動的內容分析，革命的地區多在華南邊陲之地。每次起義行動參加的人多在千人以內，最壯烈的黃花岡之役也只八百多人。如果與滿清朝廷的武力相較，真是小之又小，不成比例。其所以辛亥革命成功，是由於清廷武力的真正掌權者是袁世凱，他要利用革命氣勢推翻清朝，然後把脆弱的革命力量排除，在改朝換代的形勢下，取代孫中山。最後帝制自為，建立自己的王朝。袁氏的野心，在孫中山就臨時大總統職後，就一一顯露出來，使孫氏遭遇更大的打擊和挫折。下面是一張清單：

1. 自民國成立之日起，袁世凱就要孫中山下台，把位子讓給他。一面派人與孫談判，一面派重兵到達南京對岸地區，大軍壓境。孫中山和黃興商量，自知不敵，孫只好退位；孫要袁到南京來接任，也遭

拒絕。孫乃於民國元年二月二十八日讓位，只做了兩個月的總統。袁於同年三月十日在北京就任中華民國第二任臨時大總統。對孫來說，真是情何以堪！

2. 袁氏老奸巨猾，把孫趕下台後，立刻擺出一副忠厚長者的姿態，誠邀孫文、黃興赴北京訪問，黃興堅辭拒絕，孫卻乖乖去了。於是袁大施籠絡手段，真是三日一大宴，兩日一小宴，又對孫授勳晉爵。孫大受感動，在宴會席上居然高呼：袁大總統萬歲！又接受袁的任命，主辦全國鐵路的規劃和興建。可說完全被袁玩弄於指掌之間。

3. 就在孫訪北京興高采烈之餘，不到一百天，袁於民國二年三月二十日派人刺殺孫的重要忠實同志宋教仁於上海火車站，使孫從夢中驚醒。袁變本加厲，開始消滅孫的行動。

4. 孫認清袁的奸謀後，與黃興發起全國倒袁的行動，史稱「二次革命」；但袁已成竹在胸，調兵遣將，撲滅孫、黃。時為民國二年七月至九月，不到兩個月時間，二次革命土崩瓦解！孫、黃都遭袁通緝，分別流亡海外，是很悲慘的結局。

5. 孫氏流亡到日本，力圖將鬆散且已無法領導掌控的國民黨改組，改名為「中華革命黨」。從三年前的意氣風發、領袖群倫的最大執政黨，成為一個意見紛歧、以日本為棲身地的小小在野黨。孫中山雖當選黨的總理，但他心頭滴血是不言而喻的。其時，黃興已遠走美國定居。

6. 袁氏背叛民國、一心稱帝的狼子野心，救了孫中山。民國四年十一月十二日，袁世凱接受皇帝之位，並改民國五年為「洪憲元年」，全國大譁！民國四年十二月二十五日蔡鍔在雲南省首舉義旗，聲討袁氏。同時率軍北伐，入四川南部與袁大軍對峙旗開得勝。袁的氣焰大挫，六月六日死亡，留下千古罵名。

袁氏稱帝使中華革命黨的同志加強了敵愾同仇的意識，團結起來。雖然推翻袁世凱，蔡鍔要居首功，但孫先生率領同志「敲邊鼓」也有一定的貢獻。可是整個孫袁關係，從孫被袁迫辭職，到訪北京受玩弄，宋教仁被袁刺殺，二次革命後，孫被袁通緝以及中華革命黨的滄桑歲月，

都是做為一個革命領袖心頭之大痛，非一般人所難忍受，孫中山的革命事業又經過了極其坎坷的一關。

（三）與北洋軍閥周旋的困境

袁世凱死後，中華民國又恢復了名稱，但政權仍舊掌握在袁的舊屬手中。毛澤東有句名言：「槍桿子出政權」，誰有槍桿子誰就有政權。顯然的，孫文是沒有槍桿子的人，當時袁世凱留下來的北京政府就操控在那些北洋軍頭手中，史名「北洋軍閥」。從民國五年到十五年，這十年之間，中華民國各地呈現軍閥割據的局面，孫中山當然痛心疾首，企圖用革命手段徹底改變這種情勢，其結果卻使他一再親嘗失敗的苦果，甚至性命難保。其紀錄如下：

1. 民國六年北洋軍閥中出了一個小丑型的人物，就是一般人稱他為「辮帥」的張勳。他擁有相當多的槍桿子。民國成立後，全國男人都剪掉了象徵滿清統治的長辮子（西洋人戲稱為「豬尾」），張勳堅不剪除，以示對清廷效忠。那年七月四日張勳以武力推翻北洋黎元洪的政府，擁戴已退位的溥儀（即宣統皇帝）復辟，要恢復滿清王朝，自然激起全國反對。段祺瑞乘機崛起，趕走張勳，自稱「執政」，宣誓要「再造民國」，但拒絕恢復民初國會通過的「臨時約法」（等於憲法）。孫中山乃以「護法」為號召，發表〈討逆宣言〉，與南方各省督軍聯合，在廣州成立「非常議會」，被推舉為「陸海軍大元帥」。九月十日成立「中華民國軍政府」，宣言戡亂，下令北伐，史謂「護法戰爭」。

2. 孫中山在廣州成立軍政府，可是南方軍閥們也沒真心支持他，所謂「護國軍」的北伐，由於孫先生沒有自己的槍桿子，也就煙消雲散，無疾而終。那是民國七年五月，在他的心中增添一道深深的傷痕。

3. 孫中山對軍閥的割據，仍深惡痛絕，他憤怒地指出：「所有南北軍閥都是一丘之貉，是靠不住的。」其時廣東握軍權的軍頭之一陳炯明，似乎有洗心革面的意圖向孫靠攏。孫信以為真，大肆籠絡，陳

也佯作順從，出兵將反孫的「桂系」勢力從廣東驅除，孫乃得在廣州重建政權。民國十年四月成立「非常國會」，選舉孫為「非常大總統」。他任命陳炯明為內務總長兼陸軍總長，信任有加。陳為了表現，討伐桂系殘餘，很快占領了桂林，兩廣宣告統一，孫中山大喜，對陳更加倚重。

4. 兩廣統一後，孫中山決定再舉兵北伐，要消滅盤據北方的軍閥如吳佩孚和湖南省的趙恆惕等，力促陳炯明進軍，他不知道陳已與吳、趙等勾結，要搞「聯省自治」，所以遲遲沒有行動，孫還不知道陳的陰謀。陳既不動，於是孫中山自己率軍北伐。從桂林出發進軍湖南，陳卻與趙連手，先刺殺對孫效忠的一員勇將，即北伐軍第一師師長鄧仲元，然後中止對孫的後勤支援，孫無法前進。民國十一年回師廣州，六月十一日起就有很多人向孫報告，陳炯明要叛變，孫絕不相信，堅信陳不會害他。但到了十五日午夜一時，陳果然發動大軍猛攻孫的住所——觀音山總統府及越秀樓，孫與夫人宋慶齡先後在槍彈如雨中逃離總統府，最後到效忠的軍艦「永豐號」上才安定下來。經過近四十八小時的驚嚇和折騰，已有幾個月身孕的孫夫人——宋慶齡女士不幸小產。孫立刻送她去上海休養，自己則坐鎮「永豐艦」與陳炯明周旋。從六月十六日、八月、九月，凡五十五天；但終無法打倒陳炯明，黯然轉乘英艦離廣州，回到上海宋慶齡的懷抱。

5. 從上面的史實，明顯看出孫中山對北洋軍閥鬥爭的慘敗，「護法」之役虎頭蛇尾，無疾而終。拉攏陳炯明再搞北伐，則「賠了夫人又折兵」，更險些喪了性命！孫先生心頭的傷痛鬱積和憤怒是可想而知的。他的革命志業雖未到盡頭，他的生命卻已接近尾聲了，那是民國十一年底的事。

總結孫公從民國元年的「臨時大總統」兩個月後被迫下台，立刻遭受袁世凱玩弄。夢醒後發動「二次革命」，失敗，流亡國外。袁世凱竊國他未能主導倒袁；而對軍閥割據，「護國軍」等於鬧劇一場；進而依賴陳炯明的北伐，變成「賠了夫人又折兵」，真是灰頭土臉，面上無光。孫氏革命事業的坎坷，古今中外同聲一嘆！

四、革命建國思想的明燈

　　孫中山卻不愧是一位偉大的思想家。在他坎坷的革命事業進程中，在不斷的挫折和打擊之下，他回憶青壯年時代在美國、在香港和他多次在歐美、在南洋向僑界鼓吹革命、募款的體念、思索、反省。他自己的祖國——古老的中國，應該走哪條路呢？他和他的革命同志們，犧牲那麼大，痛苦那麼深，希望在哪裡？目標在哪裡？相信他度過了無數難以入睡的夜晚，來想辦法解決內心的掙扎和困惑。終於經過了二十多年的思索，他提出《三民主義》、《五權憲法》、《建國大綱》、《實業計畫》四大著作。這些思想方面的結晶，是他近四十年革命苦難的升華，更是他終身學養的總匯！做為一個革命的實踐者，天天不是為「起義」、就是為「倒袁」，或者為「護法」、為「北伐」，絞盡腦汁之餘，還要騰出時間，整理出來一系列的革命理論、主義以及建國的方針和計畫，真是超人中的超人，巨人中的巨人！與他同時代的人批評他的著作，說他是「大砲」、是「幻想」，是不切實際、是做不到的。但一百年下來，「孫中山思想」或「孫文主義」，在廣大的中國，卻越來越受尊重。

　　孫先生一生最大的安慰，應該在於他廣州蒙難時，終於選對了一位「繼承人」；那就是陳炯明叛變後，蔣中正奉孫之召，遠自浙江奉化冒萬險奔向孫受困的「永豐號」軍艦（後改名「中山艦」），兩人同甘共苦，共生死，孤艦奮勇作戰，近兩個月之久。

　　孫先生「廣州蒙難」，親自看到他所信賴的那些部屬一個個被陳炯明收買、叛離，只剩下一條小小軍艦奮戰，而蔣介石卻從千里外來共生死，是何等令人感動！他對記者說：「介石來協助，勝過兩萬援軍！」立刻派蔣擔任艦上的總指揮，其間又送了他那副世人傳誦的名聯：「安危他日終須仗，甘苦來時要共嘗。」蔣很受孫的感召和感動，其後數十年都尊孫為「老師」，力圖實現孫的理想。孫在世時，任命蔣為新創革命武力搖籃——「黃埔軍官學校」校長（實際校名稱為「陸軍軍官學校」，因位於「黃埔」地方，故世稱「黃埔軍校」）。蔣不負孫的期

望，率軍東征，消滅陳炯明，再率軍北伐，消滅了北洋軍閥。那是孫先生逝世一年多以後的事了。（詳見下文）

　　蔣中正號介石，於北伐成功後，中華民國還都南京。奉孫先生為「國父」，終身尊孫為師，將孫的革命思想大力在中央政府政權所及的地方予以傳播、發揚。作者從少年時期起就開始被灌輸三民主義的意識，十九歲集體參加中國國民黨，其後七十年，到今天還是中國國民黨的「終身黨員」，得過政治學博士，對《三民主義》、《五權憲法》、《建國大綱》、《實業計畫》都作過一番研究，下面是我的看法和心得：

1. 《三民主義》（含《建國大綱》）：這是孫先生一生政治理想的結晶。他融合了自由民主主義、資本主義、社會主義、國家主義、共產主義、特別是中國傳統的儒家思想，寫成了一部《三民主義》。有人批評他是各種主義的拼湊，但實際上他是取各種主義的優點，參考中國的特殊文化和國情，使三民主義的確能為中國建立一個既可達到民族尊嚴，又有民權保障，更有民生樂利的現代國家。他的三民主義不會變成日本式的軍國主義，也不會成為美國式的資本主義，更不會淪為蘇聯的共產主義。

　　根據孫先生的理想，民族主義要達到世界大同的目標，民權主義要達到人民有權、政府有能的目標，民生主義要達到社會均富的目標。他期望中國成為地球上的樂土，沒有種族問題，沒有階級問題，也沒有貧富問題，真正達到天下為公、大同世界的偉大理想。

　　他這種理想做得到嗎？中國國民黨在蔣介石領導之下北伐成功，不旋踵受到中國共產黨武力的挑戰，民國十五年至二十五年，十年之中，國家在動盪之中。到二十五年兩廣事變結束後，國家趨於完全統一，正走向大規模的國家建設，但西安事變改變了一切。次年日本侵華，八年抗戰，民窮財盡，而國共內戰再起。三十八年國民政府遷到台灣。因此從北伐初步成功（民國十五年）到政府遷台，二十四年間，三民主義的理想很少有實驗的機會。有之，則是中央政府成立了五個「院」，試行孫先生的《建國大綱》和《五權

憲法》。抗戰勝利後又選舉國民大會代表、立法委員、監察委員，由國民大會代表選舉總統、副總統。但內戰失敗遷台後進入「戡亂」、「戒嚴時期」，無法循三民主義的路線發展。而蔣先生決心建設台灣為「三民主義的模範省」，力行民族和民生主義，解嚴後又力行民權主義，數十年間，三民主義在台灣獲得初步成功。民國七十年代（西元八〇年代），台灣被國際譽為「亞洲四小龍」之一，「台灣錢淹腳目」，達成了「均富」的目標。

從台灣五十年的建設成就來檢視，三民主義是正確的，是做得到的，更是可以成功的！只要國內、國外沒有戰爭，三民主義是最適合於中國在政治、經濟和文化各方面發展的！

實際上，中國共產黨在中國大陸的政權，雖表面上仍抱持共產主義或毛澤東的「人民民主主義」，然自一九八〇年代改採「改革開放」政策以來，從鄧小平到江澤民到胡錦濤，中國大陸政治、經濟、文化可說是等於由孫中山的「軍政時期」進入「訓政時期」。假以時日，也許會進入「憲政時期」。所以孫先生的三民主義是最適合海峽兩岸的國家政策的最高指導方針，確已得到了事實上的證明。而孫公在逝世九十多年後，他在中國人的心中受尊敬的程度，實正與日俱增！與他在世時帶領多次革命所受的攻擊、汙衊和打擊，真是不可同日而語！孫中山的三民主義和建國大綱已應驗他當年所說：「三民主義就是救國主義。」孫先生在「主義」方面已是不朽的「巨人」。

2. 《實業計畫》及其他著作：孫先生其他著作很多、很多，其能與《三民主義》、《建國大綱》相提並論的只有他的《實業計畫》。就作者看起來，真是一本奇書。遠在民國初年（西元一九一〇年代）他居然就把偌大的古老中國，籲請國際來開發，提出中國現代化的藍圖，包括鐵路、公路、港灣、水道、運河……等龐大的開發計畫，並附有十五張相當詳細的開發地圖。任何後代的人都會驚嘆，他在革命大業危疑震撼、艱苦備嘗的年代中，從哪裡來的時間和精力，來完成這部用英文寫的曠世巨著？

他向國際呼籲來大力開發中國，由於他革命事業經常在挫敗中，受到北洋軍閥的壓抑，自然沒有得到國際應有的重視。但是中國全地一旦穩定下來，執政當局讀到他的《實業計畫》，無不為之傾倒。中國大陸自改革開放以來，建設突飛猛進，其藍本就與實業計畫的內容，極其相似！《天下》雜誌曾組一個考察小組，於多年前赴中國考察、研究，赫然發現中國的崛起，在各項大建設方面，其藍圖與孫先生的《實業計畫》極其相似。差不多所有從台灣去大陸的人，都有類似的感覺。可見，中國改革開放後的領導階層，對孫先生的《實業計畫》至少是相當重視的。由此可知，孫中山在建國方面是具有何等遠大的眼光，真是值得全中國人的敬仰！

　　孫先生革命、建國方面的著作，除了上述《三民主義》、《五權憲法》、《建國大綱》和《實業計畫》以外，重要的還有下面這些：

1. 《孫文學說》：即心理建設，主張「知難行易」，詳加辯證，引起民國前二十多年學術界的熱烈辯論。因為中國傳統文化中是以「知易行難」或「知行合一」為主幹的。孫先生主張反其道而行，是鼓勵大家要先去行，革除「只講不做」的陋習。

2. 《民權初步》：即社會建設，孫先生認為要建設自由民主的社會，就要先從掌握開會的規則開始。民主的決策是少數服從多數，多數尊重少數，但如何能達到這個水準？一定要懂得為何開會，他認為開會的成功是民主社會建設的基本，的確是一針見血的真知灼見。國民政府根據他的著作，訂定了《會議規範》，通行全國。

3. 《地方自治開始實行法》以及他親筆草擬的《宣言》、《誓告》、《規約》；另外他所擬的《中國同盟會革命方略》和《中華革命黨革命方略》等等都是他革命建國思想的重點，值得傳世。至於他的講演、通電、談話、著述等，總結起來至少有一百多萬字，真是令人驚嘆！

　　所以，我們可以說，孫中山是革命建國思想巨人，從他浩如海洋的著作中得到了充分的證明。而他著作的特點，與梁啟超是完全不同的。梁文絕大部分是學術性的、專業性的，孫先生的作品則是政治性的、革

命性的；對政治、政制、政府、民族、民權、民生充滿了理想和熱情，要把古老的中國，變成現代化的民主、自由、富強、康樂的國家。他的思想和著作，就像一盞燦爛的明燈，照耀著中華大地，帶來光明，帶來希望，永不熄滅！

五、生前壯志未酬，死後愈見偉大

總結孫中山先生的一生，是一部波瀾壯闊的史詩，從二十歲時立志革命，由「四大寇」（二十四歲）到創立興中會（二十八歲），到倫敦蒙難（三十歲），到大英博物館研究，初步形成三民主義思想（三十一歲）；到成立「中國同盟會」（三十九歲）發動十一次起義，到辛亥革命成功，翌年中華民國開國，當選「臨時大總統」（四十六歲），二個月後被迫下野；袁世凱竊國陰謀明顯，發起「二次革命」（四十七歲），失敗，赴日本成立「中華革命黨」；到發起護法運動，失敗，開始著述，完成《民權初步》（五十一歲）；到廣州開講，著《孫文學說》（五十三歲）和《實業計畫》等名著；到在廣州成立軍政府，出任非常大總統（五十四歲）；自桂林率師「北伐」，無功而返；接著陳炯明叛變，僅以身免（五十六歲）；最後，成立中國國民黨，建立黨的良好規模，講演《三民主義》，又創辦黃埔軍校；北上與北京政府商談，死於北京協和醫院（五十九歲）。他的一生，沒有一天不是為革命、為建國，奮鬥犧牲！終至因苦難、失敗的折磨，罹患肝癌，重疾不治。有生之年沒有親睹北伐成功、中國統一，真正是「壯志未酬」，豈止「英雄淚滿襟」而已，應該是四萬萬同胞「同聲一哭」吧！

可是，孫中山的革命建國思想在他死後卻一步一步發光發熱，不僅在中國國民黨執政的地區，大行其道，證明他的《三民主義》、《五權憲法》和《建國大綱》是合乎中國需要的，是正確的、可行的！台灣兩千三百萬同胞，已享受到「三民主義模範省」的美好成果；即在中國大地十三億同胞，見證了他的《實業計畫》偉大！蓋棺論定：孫中山先生實在是中國五千年歷史上唯一的革命建國思想的「導師」、「巨人」；

至於他的革命事業的艱苦歷程，要把古老封建的中國，帶進民主自由時代，則永遠留存在每一個炎黃子孫的腦海內，永垂不朽！

玖、民族復興巨人——蔣中正

提起蔣中正，他是我「華夏一百六十年指標人物」，五組十人中唯一親炙過的巨人。我不僅聽過他「訓話」，得過他具名頒發的多份畢（結）業證書和職務的聘書、獎狀等等，而且和他當面交談過，向他提出我的意見，也接受他的指示去辦事。雖然次數不多，但每一次的「直接接觸」都有圓滿的結果，令我深受激勵和感動！就我個人的體驗來說，蔣公真是一位至性至情的偉大領導者，他不恥下問，關心民瘼，採信合理的建議，全力貫徹。這種領導風格，我一生中未見第二人，這是蔣中正先生在人性的方面，極其難能和偉大的地方。至於他在復興民族、振興中華、打敗日寇、建設台灣各方面的豐功偉業，早已載諸史乘，無須贅言，且容我慢慢道來。

▲ 蔣介石

▲ 蔣介石與宋美齡結婚照

一、一位愛民、改革、從善如流的領導者

蔣公逝世已三十七年，但我每一想我和足稱為「民族復興巨人」蔣公的直接接觸，就有無限思念、振奮之情。因為他老人家是如此關懷下情，使中華民國的警察完成了幾件極其重要的事：

第一件事是中央警官學校在台灣復校：一九四九年（民國三十八年）國民政府撤守台灣，中央政府大見緊縮，原有四百多名員工的「內政部警察總署」縮成一個「警政司」，不到二十人。中央警官學校一再播遷，由南京而廣州而台北，只剩了一個空架子。雖然「台灣警官訓練班」還在運作，實際已在「台灣省政府警務處」所屬體系之下，招生無望。民國三十九年三月一日蔣總統在台北「復職視事」，國家預算極其窘困，中央警官學校乃告正式裁撤。

中華民國進入五〇年代（即民國四十年後），由於韓戰爆發，台灣在民主世界的戰略地位驟增，美援恢復，中央政府漸見富裕，蔣公素重教育，於是若干軍事學校開始在台灣「復校」。未幾「政治大學」（即原中央政治學校）也在台北市郊區重建。中央警校在台灣的校友們燃起了「復校」的希望。可是，眼見中央政府的財力仍屬有限，無人敢向蔣公進言。

事有湊巧，民國四十三年（一九五四年）四月，我奉調陽明山革命實踐研究院「聯合作戰研究班」受訓四個月，畢業前蔣兼院長一定會和畢業學員「個別談話」。我就把握這個難得的機會親向蔣公提出中央警官學校在台灣復校的構想和具體辦法，蔣公仔細聽取後，馬上說：「這個構想很好，就這麼辦吧。」我以為他老人家只是鼓勵我，但一個多月後，總統便根據我的建議把中央警校在台灣重新建立起來。迄今五十八年，中央警校已擴大為「中央警察大學」，成為全世界最受尊敬的警察高等學府。蔣公當年「復校」的察納下情以及他的「遠見」和「魄力」，到今天仍然令我感念不已！（詳情請參閱拙著《從患難中走來》第四章。）

第二件事是奉命清除台北市萬華區「愛鄉」、「綠柳」兩個「里」內的巨大垃圾堆。民國五十六年三月，也就是我奉派擔任中央警官學

校校長以後三個月，有天忽然接到總統府侍從室電話，要我第二天去晉見總統。我想如此急迫慎重其事，一定是有關警政或學校的革新，誰知那天見到總統，他老人家開口就問：「梅校長，你知道台北萬華淡水河水門旁邊有一個特別大的垃圾堆嗎？」這下可把我問住了，我只好說：「報告總統，我不知道、也沒有聽說過。而且萬華那地方，我們也很少去。」總統說：「你要知道，警察就是要為人民服務，要解決人民的困苦。那個大垃圾堆，又臭又髒，蒼蠅滿天，居然上面住了好多人家，真是可憐！我要請你帶學生想辦法把那個垃圾堆清理掉。這樣的警察官才會受人民的敬重啊！」以總統地位之尊，居然會想到萬華貧民窟的苦難，真是令我十分感動！我馬上立正站起來說：「報告總統，我一定帶領全校學生把那個垃圾堆剷除掉。請總統放心。」

當天下午我會同萬華警察分局找到了那個垃圾堆。天哪！那不是一「堆」垃圾，而是面積有一個足球場那麼大，厚度達一公尺以上的垃圾堆積場。上面蓋了十多間鐵皮屋，臭氣薰天，蒼蠅密集，小孩子們光著屁股在上面跑來跑去，真是令人震撼！台北是「首善之區」，怎麼沒人聞問，要勞動總統來問呢？令我百思莫得其解。

我既答應總統去清除這大塊垃圾，回校後集合全體師生宣布這件事，更在校本部成立「專案小組」，制定計畫，按部就班，限定一個月內完成任務。我親自帶隊，每天上、下午各一隊共一百二十人，帶了全套清潔工具，到現場挖垃圾。每人發口罩一個，一次工作一小時，輪班休息。同時，商請台北市政府撥來垃圾車多輛，挖出的垃圾立即裝車運往郊外的垃圾場。

當地的民眾，看到警官學校師生一百多人，每天上下午都到髒臭不堪的大垃圾場，汗流滿面，不畏髒亂和辛勞把垃圾弄走，非常感動，也覺得不可思議，敬慕之情油然而生。經常送茶送水，以示感謝和慰勞。一個多月下來，垃圾全部清除運走，出現了一大塊乾淨的平地。原住鐵皮屋的貧戶，知道是蔣總統的德意，自動拆除鐵皮屋，等清理完畢，就在這塊經過消毒的潔淨土地上，自行興建了一條精緻的小街，大家都歡天喜地感謝蔣總統的關懷和警官學校師生的努力。我奉命到那年代、國

家最高決策機構——中國國民黨中央常務委員會作專案報告，題為「台北市萬華區愛鄉、綠柳兩個里化髒亂為整潔的神奇故事」，蔣公親臨聽取報告。聽完後，他老人家講評：「這是一個愛民的政府應該做的事，也是三民主義模範省的一個範例。只要我們真愛老百姓，處處可以化腐朽為神奇！」蔣公的一點仁心和愛民之心，激勵了警官學校全校的師生，完成了一個小小的奇蹟。我半世紀後，想起蔣公的關心民瘼，仍不禁熱淚盈眶。

第三件事是成立全國警政領導機關——內政部警政署：民國五十年代，中華民國中央政府在台灣站穩了腳步，經濟開始起飛，政局更是穩定，各級政府在「行憲」的號召下，制度均見正常化，中央、省、縣三級分工明確，諸事欣欣向榮！唯獨警察體系，因在軍方勢力掌控之下，一直維持「四不像」的形式。

所謂「四不像」，即是「台灣省警務處」兼理全國警政。警務處長的權力駕凌內政部警政司長之上；處長又兼「中央警官學校台灣警官訓練班主任」及「台灣省警察學校校長」；省警務處處長成為全國警察的「太上皇」，更是由「不知警察行政為何物」的軍方中、少將級軍官出任。因此從民國三十九年起，台、澎、金、馬的警政號稱「次殖民地式」的警政，笑話百出，亂成一團。

民國五十五年我出任中央警官學校校長後，次年，總統蔣公派要員多人赴日本和南韓考察都市交通。在名單上忽然加上我的姓名，要我考察日、韓兩國的警政。這是一個很重的負擔，因考察交通有五人，警政只我一人。團長是台灣警備總司令部副總司令王中將，他在出發前就鄭重聲明，他們五人不問警政的事，警政考察報告也責成我一人撰寫，自然只有從命。

考察兩國警政八天回國後，我寫了約一萬字的〈日本、南韓兩國警政考察報告書〉，為了總統瞭解其中精要，另附約一千二百字的「內容摘要」兩頁。一星期後，總統召見，對我的報告內容表示嘉許，批准我的兩項重要建議：1.內政部應成立警政署，為全國最高警政機關；2.警察人員的工作特別辛苦、危險，應比照日、韓准增加待遇一倍。我真是

受寵若驚，對總統的遠見、仁慈和魄力，敬仰萬分。事後總統的侍從官將我的報告製成「影本」交給我，更驚奇發現：總統對我一萬多字的報告，竟然自己用他慣用的粗紅藍鉛筆，一字一句的圈點，上舉兩項指示，更是他老人家用紅藍鉛筆親自寫在我的報告頂上空白處。真是讓我感動得兩眼落淚！他老人家日理萬機，居然如此細心批閱我的報告，如果不關心、不愛護警察，決不可能做到。所以我必須說，蔣中正總統的確是一個關懷部屬，熱心改革，力求國家進步的世界級巨人！

從以上三件事我親身體驗，我堅信蔣先生是一位從善如流，關心人民疾苦，力求改革進步的偉大領導者；他跟毛澤東鬥爭失敗，很可能是他的一些重要部屬，過度重視自己或派系的利益，處處瞞著他，使他的意志無法貫徹所致！歷史學家批評明朝的敗亡，有句一針見血的話：「君非亡國之君，民非亡國之民，而實有亡國之臣。」大陸之所以失守，這句話或可作最適切的描寫。台灣在大陸挫敗之後，卻能重建崛起，由貧困而晉升「四小龍」之首，應該是蔣公用了一批忠貞、廉潔、有能力的幹部的結果。值得歷史學家深思評斷，至少，我個人是如此認定的。

二、蔣公志業的「四季」——春、夏、冬、秋

蔣先生一生的志業，極其艱辛偉大，更是波濤起伏，很具戲劇性。他就「下野」過三次！

第一次：一九二七年（民國十六年）八月，為促成「寧漢合作」，自請辭去「軍事委員會主席」職務。但北伐尚未完成，國家非有他的領導不可，乃於次年一月，依黨的決議，請其復職，繼續北伐。

第二次：一九三一年（民國二十年）十二月，為了促成黨內寧、穗兩地同志團結，辭去國民政府主席職務；曾赴日本休養。旋因中共在贛南建「中華蘇維埃共和國」，情勢緊急，翌年五月，奉黨的命令出任軍委會委員長，未回國府主席原職（註：建國初期是以黨治國的）。

第三次：一九四九年（民國三十八年）一月，因徐蚌會戰失利後，副總統李宗仁不合作，辭總統職務回故鄉奉化休養。

三次下野，三次復出；復出後都有很大的成就，真是中國歷史人物中的「異數」！

而其整個的革命志業，就我個人的研究，依其特質，大致可分為春、夏、冬、秋四大階段來描繪：

第一階段：春天——由創辦「黃埔軍官學校」到「北伐」成功，到「剿匪」勝利；時為一九二四年到一九三六年，凡十二年。這十二年，蔣公三十八歲至五十歲，極其壯盛之年，也是他的黃金時期，雖然下過兩次野，都是朝氣蓬勃，戰無不勝，攻無不克。不僅擊潰了盤據各省的軍閥，如廣東的陳炯明，浙江的孫傳芳，華中、華北的吳佩孚，統一了中華腹心廣大地區。其間又有東北張學良的「易幟」回歸國府，加上閻錫山、馮玉祥的敗戰歸順以及西北馬家軍的投效等等；青天白日滿地紅的國旗已在全國高高掛起，至少可以說全國在表面上已告統一了，是民元建國以來的第一次。

尤其難得是：中國共產黨在贛南的「蘇維埃共和國」，由於蔣先生親自領導的「五次圍剿」和「碉堡政策」獲得勝利，毛澤東被迫所謂「二萬五千里長征」（一九三四年十月十一日至一九三五年十一月五日）。心腹之患拔除，是蔣中正最得意的時期。到了一九三六年十月十日蔣先生在南京檢閱全國童子軍數萬人。十月三十一日他的「五十大慶」，全國人民「獻機祝壽」，計捐獻最新式德國製造的戰鬥機一百八十餘架，在南京上空排出「中正」兩字隊形，全國軍民熱血沸騰，到達蔣公聲望的極高點！所以說，從創建黃埔軍校，到他五十大壽，是他革命志業的春天。美國《時代》週刊，曾多次以他的肖像作封面，真是揚名國際，認為蔣先生是中華民族的偉大領袖！

第二階段：夏天——一九三六年（民國二十五年）十月底「五十大慶」的高潮後，同年十二月十二日，發生了震動全國的「西安事變」。張學良和楊虎臣分別是「東北軍」二十萬人和「西北軍」約五萬人的領導者，在毛澤東和周恩來等中共領導人的煽動和說服之下，居然把蔣先生「扣留」「拘禁」在西安華清池。經過十二天的談判，蔣先生終獲釋放，由張學良親自護送蔣公搭專機安返南京，卻被迫簽了聯合宣言，

決定國共合作，抵抗日本的侵略。蔣先生堅持的「安內而後攘外」的政略，轉了一百八十度的彎，變成「先攘外而後安內」。中國共產黨的勢力，不再被視為「匪軍」，搖身一變成為「國民革命」的「國軍」，國共團結來抵抗日本的節節進逼！於是日本軍閥認為非徹底消滅中華民國不可了，乃於一九三七年（民國二十六年）七月七日發動全面侵華戰爭，即史稱「盧溝橋事變」。此為蔣公志業「夏天」的開始。

「夏天」代表酷熱、熬煎與豐收；這正是蔣公領導四萬萬軍民抗戰，驚天地泣鬼神的生死搏鬥，長達八年的真實寫照。數千萬軍民為抵抗日寇侵略而慷慨赴義，一寸山河一滴血，終於，日本軍閥向中華民國無條件投降，光復了台灣和東三省，中華民國成為全世界「四強、五大」之一（「四強」：中、美、英、蘇；「五大」：四強之外加一個法國），更是聯合國創造者之一。蔣公洗雪了一百多年來（一八四〇年到一九四五年）的「國恥」，取消了所有的不平等條約，真正是民族復興的巨人！抗戰勝利那一年，全世界的人都豎起大拇指，推崇蔣中正為世界級的偉大人物，因為他不僅戰勝了日本侵略者，而且赦免了敵人：不要求日本賠償、不派軍隊占領日本的土地。這種「仁者」和「基督」的情懷，更令世人無限感佩！

就在四萬萬同胞慶祝抗戰八年獲勝利的那天開始，由於八年的苦鬥和慘重的犧牲，蔣先生領導的國民政府已經到了經濟上「羅掘俱窮」，軍事上「人心厭戰」的程度。但中國共產黨在毛澤東領導下，卻獲得休養生息，重整旗鼓的良機。八年的生聚教訓，使中共的武力較長征結束時（只剩七千二百人）增加了近千倍，加上東北、東三省地區，獲得蘇聯的支持，順利接收了「滿洲國」的武裝和軍隊。到民國三十五年（一九四六年）毛澤東領導的中共「解放軍」已足與蔣公領導的「國軍」相抗衡，而終於爆發所謂「國共內戰」；蔣先生一生志業中的「冬天」由此開始。

第三階段：冬天——「冬天」代表冷漠、淒涼、孤獨、退縮。國共內戰從一九四六年到一九五〇年，五年之間，蔣公領導的「國軍」，被毛澤東領導的「解放軍」在中國廣大的「大陸」，徹底擊潰。原因很

多，史家有種種評論，此文不必贅述。只有一點是很確定的：蔣公的志業從日本無條件投降的最高峰，跌入了中國大陸全部被中共占領的「寒冬」階段。美國國務院甚至發表正式聲明，認定蔣公領導的中華民國已經被「一筆勾銷」（Written Off），英國和蘇聯首先承認「中華人民共和國」與「中華民國」斷交。蔣公的心頭滴血，其傷痛可想而知。

當全世界的人以及中國絕大多數的人都以為蔣某已經「完蛋」的時候，蔣中正先生真不愧是一位民族巨人，一位英勇的鬥士和領導者，他以在野之身（民國三十八年一月他被李宗仁副總統「逼宮」下野），悄悄的把國庫存在上海中央銀行的數百萬兩黃金和數千萬元美金從上海運到台灣，決心以台灣作中華民國最後一塊基地，因而展開了他革命志氣的第四季，我名之為「秋天」。

第四階段：秋天——秋天有點蕭瑟，有點冷，前途不十分看好，但卻溫暖、美麗，五彩繽紛，令人流連不捨。蔣公固守台、澎、金、馬，宣示要把台灣變成「三民主義的模範省」，經過二十多年的努力奮鬥，由一九五〇年到一九七五年他在台北崩逝，四分之一的世紀中他的確把小小的台灣，面積只有中國大陸三百分之一，人口只有六十分之一，天然資源一無所有的大環境下，他一柱擎天，成功的抗拒了中共武力犯台的行動，更成功建設了台灣成為「亞洲四小龍」的首位，全世界都認為是一個「奇蹟」，一個「台灣奇蹟」。

當他全力使台灣脫胎換骨，由農業小島變成工商大國後，中國大陸在毛澤東領導下搞違反邏輯與人性的「大躍進」與「文化大革命」（一九五八～七八年）。兩相比較，蔣先生在台灣正是秋高氣爽，大受國際讚美的「台灣奇蹟」時期，而毛先生和兩大「運動」，搞得全中國「一窮二白」，民窮財盡，大有亡黨亡國之虞！

所以，蔣公對台灣建設的成功，可說是他一生志業中的「秋天」，因為建設台灣成功之際，他已進入生命的尾聲；夕陽西下，巨人殞落，留得滿園秋色，令全世界的人無限憑弔！

蔣中正先生享年八十有九，與清代最長壽的皇帝乾隆同壽，而其崛起，從北伐成功，統一中國；八年抗戰，日本向中華民國無條件投降，

成為世界級的偉人。但不幸敗於毛澤東之手，退守台灣小島一隅，卻能勵精圖治，使台灣成為亞洲之龍。這種種變化，在中國，乃至全世界的偉人當中，至少是「前無古人」，而其「春、夏、冬、秋」的革命志氣，甚至可能是「後無來者」。讀史至此，能不驚嘆蔣公的確是中國歷史上的「巨人」和「偉人」，受之無愧！

三、蔣公的感情生活

　　一個成功的偉人，一定是一位感情豐富的人！孫中山、蔣中正、毛澤東都是如此。甚至本系列中每一位指標人物，由曾、左到康、梁到黃、蔡也不例外，因為缺乏熱情的人是很難成就大事業的。

　　蔣先生的感情、激越的感情，在三方面表現得淋漓盡致：

　　第一、對長輩：蔣公的長輩最重要的有三人：第一是他的生母王太夫人；第二是他終身「以師事之」的孫中山；第三是他結拜的長兄陳其美。他對這三位長輩的孝悌之情，非常令人感動！

1. 王太夫人：蔣公對生母王太夫人——王采玉女士的尊敬、孺慕和盡孝，在中國歷史上是有地位的。王太夫人是蔣公生父肅庵公的側室，蔣公九歲時肅庵公即棄養，寡母在家大、業大，家庭地位卑微環境中，撫養獨子，在那封建社會中所受壓力和壓迫之大之慘，難以形容。蔣公在〈先妣王太夫人百歲誕辰紀念文〉中，有極其生動的描述：「嘗憶九歲喪父之時，一門煢煢孤寡，覬覦既多，迫辱備至。……當時吞聲飲泣，枕上淚痕，荼檗茹苦，竈間量厥之慘狀，彷彿目前，拊心追慕，益增怛惻。」可見王太夫人撫養獨子的艱辛。蔣公在偉大母愛中長大，對母親的偉大、慈愛，刻骨銘心。故長成後秉國政，領群倫，而慈親早於民國十年（一九二一年）六月辭世，未能見兒子建功立業。故蔣公於〈先妣王太夫人事略〉一文中自責曰：「不孝如中正，滔天罪孽，百身莫贖，悠悠蒼天，曷其有極。」他終其身對母親的孝思，有突出的表現，包括一再修墓，定時祭掃，經常為文追念，其親書的〈蔣氏慈孝錄〉，更是令人感動！忠臣出

於孝子之門，蔣先生可以無愧。

2. 孫中山總理：蔣公對國父孫中山也是有極其濃郁、深厚的敬重和情感！他追隨孫先生革命較遲，甚至民國十三年的「中國國民黨第一次全國代表大會」他連代表都不是，但孫總理看中了這個青年軍事家，覺得他有遠見，有膽識，有濃厚的革命精神，在陳炯明叛變的危局中，他隻身千里來伺候於黃埔「永豐軍艦」。孫先生巨眼識真才，特把他最得意的對聯「安危他日終須仗，甘苦來時要共嘗」親書送給蔣先生；而且破格派他出任黃埔軍官學校校長，使蔣公在他革命事業上，獲得良好的開始。蔣公此後數十年都尊中山先生為「老師」，而且以實現孫先生遺志為一生的志業。蔣公追念孫先生的文字極多，我最感動的是民國二十七年抗戰軍興，國民黨第七次全國代表大會通過了《黨員守則》，通令全國一致遵行，其前言中有下面的話：「總理（指孫先生）立承先啟後救國救民之大志，創造三民主義五權憲法之宏規，興中華，建民國，於今全國同胞，皆能一德一心，共承遺教者，斯乃我總理大智大仁大勇之所化，亦即中國列祖列宗所遺天下為公大道大德之所感。……我總理深知國者人之積，人者心之器，國家之治亂，繫於社會之隆汙，社會之隆汙，繫於人心之振靡。」把國家的命運和孫先生的教訓連在一起，那時孫先生已經死了十三年，蔣公已是全國最高領袖，但蔣對孫總理仍是繼志述事，誠誠懇懇，這種師生的情誼，在中國歷史上能有幾人？

3. 陳其美先生：蔣公從日本留學歸國，適逢辛亥革命，立刻追隨英士先生（其美先生的號）出生入死，很受英士先生的賞識。英士先生後擔任上海都督及淞滬司令長官，蔣先生是他得力的助手。英士先生是「倒袁」大將，為袁世凱所忌，民國五年五月十八日被袁大總統派人刺殺於上海，同時放話不准人去收屍。蔣先生忠肝義膽，不顧袁大總統的警告，親往收屍厚葬，他那篇祭文，更是忠義、氣薄雲天，他以繼英士先生的事業為己任，令任何人讀後都受感動，肅然起敬！

北伐成功，蔣先生的最親信人員如陳果夫、陳立夫都是英士先

生的嫡侄。即到台灣後，台中市出現了一條「英士路」，足見蔣先生對這位義兄的追念！

王太夫人、孫總理和英士先生是蔣公的長輩，蔣公對這三位的所盡孝悌之道，是可圈可點的。

第二、對家人：蔣公的家庭生活常被世人批評；例如妻、妾眾多啦，傳位給兒子啦……等等。其實，蔣公的妻妾僅有四人，而且都相處得不錯，依序為：

1. 髮妻、元配：毛福梅女士，是王太夫人作主定的親，蔣公十五歲時（一九○二年）和比他大五歲的毛小姐結婚。在那個時候，農村「小丈夫」是很盛行的，為了增加家庭的勞動力。開始幾年關係尚好，二十三歲時（一九○九年）生了愛情結晶，長子經國。但辛亥革命後，蔣公經常在外地追隨陳英士先生奔走革命，又多在「十里洋場」的上海，眼界自然大大不同，對毛氏不僅漸漸疏遠，而且有時大打出手。蔣公在日記中有云：「余于毛氏，平日人影步聲皆足以刺激神經……，又與我對打，實屬不成體統……」（民國十年四月三日記）但為了對王太夫人的孝順，直到與宋美齡結婚後，才辦了表面上的離婚手續，實際上仍稱毛為「義姐」，以禮相待，直到民國二十八年十二月十二日毛氏被日本軍機炸死，才結束了這段姻緣。

2. 妾：姚冶誠女士：一九一二年蔣公在上海追隨陳英士先生，這個時代納妾在上層社會是很流行的，有點像社會地位的提昇，元配又不會反對。當然，既是「妾」，也只有社會地位較低的女性才會接受。姚氏曾與沈天生君結婚，沈因毒癮早逝，姚成為上海一間堂子（高級妓女）的「娘姨」（女傭）。蔣在風月場中與姚結識，終告同居，正式納為「妾」。開始幾年感情頗佳，尤其是民國五年，蔣受老友戴季陶之託，代戴撫養戴與日本同居女子所生的兒子，即後來世所周知的蔣緯國。姚對緯國愛護備至，蔣為了緯國有人撫養，雖對姚氏好賭成性，非常不滿，但仍一直支持姚氏母子的生活，直到大陸變色，遷居台中。一九六六年（民國五十五年）姚氏逝世，緯國將軍對姚氏非常孝順，使姚得安享晚年。

3. 第二側室：陳潔如女士：蔣公與陳潔如是一段浪漫姻緣。一九二一年（民國十年）蔣住在上海頗不得志，毛夫人是鄉下姑娘，不住上海，姚出身不佳，上不了檯面。蔣在好友、革命老同志張靜江夫婦介紹之下，娶了第二個「如夫人」（即姜）陳潔如。陳生於一九〇六年，少蔣二十歲，結婚時僅十六歲，標準的「黃花少女」，兩人感情極佳，蔣任職黃埔軍校時，潔如同住一起，相當快樂！但陳在蔣北伐成功後，過度得意，追求享受，為蔣所不滿。蔣民國十五年十一月十二日的日記中說：「得潔如書，知其遷賃月租七十二元華屋，不勝恚恨，奢靡超俗，招搖敗名，年輕婦女不得放縱也。」等到宋美齡女士介入，蔣在事業為先的考慮下，終於把陳潔如送往美國，給她一大筆錢，從此緣盡。陳留美多年，晚年寫了一本書，追憶和蔣的一段情。一九七一年二月二十一日臨死之前，給蔣一封遺書，內云：「三十多年來，我的委屈惟君知之，然而，為保持君等家國名譽，我一直忍受著最大的自我犧牲，至死不肯為人利用。」蔣、陳一段的浪漫愛情可說是「善始、善終」了。

4. 妻：宋美齡女士：蔣宋的結合自然政治性濃厚，但也是勢所必然。因為到了民國十六年，蔣在國家的領導地位已告確定，選擇國家的第一夫人，毛、姚、陳都不合格，舉目一看，只有宋美齡在家世、出身、學問、容貌、能力各方面，尤其又是蔣最崇拜的老師國父孫中山的姨妹，最為合適。於是在宋大姐藹齡（孔祥熙夫人）撮合之下，蔣展開西方式的追求，約美齡遊鎮江、焦山等名勝，獲得芳心，乃於民國十六年（一九二七年）十二月一日與宋美齡在上海正式結婚。他倆很恩愛，是夫妻、更是事業上的夥伴，從剿共，到抗戰、國共和談，到退守台灣，到台灣成為亞洲四小龍之首，蔣宋都甘苦共嘗，是世人敬慕的一對。記得本人在重慶「復興崗」和台北陽明山先後受訓時，夫人有時為學員加菜，有時與學員共同看電影，蔣公夫婦總是攜手進出，老而彌堅，令我們年輕的一代視為楷模，算得是人生的佳話了。

蔣公的四次婚姻，可看出他感情的全面，雖然他沒「從一而終」，

但他對每一位女性都盡了心，照顧到，沒有「恩盡義絕」的惡行，在他那種環境中是很難做到的！同時他在時代和事業的大變化中，選擇了不同水準的感情對象。如果從正面批判，蔣公也許可稱為：「婚姻之時者也」；與宋美齡白頭偕老，而毛、姚、陳各得其所，均無怨尤，蔣公在感情的處理方面還真的不簡單呢！

至於蔣公的後嗣，可述者僅經國一人，緯國是戴傳賢先生的嫡子，託蔣公養育，蔣公視同己出。經、緯這對偶然的兄弟，其行事和貢獻，今日台灣社會已知之甚詳，很多人比作者知道得更多，所以毋須贅述。從蔣公方面看，蔣公對兩子是用了很多心血來培植的，緯國雖非己出，蔣公並沒有歧視或輕視。可以看出蔣公是重視親情的，他是一個好父親，是無人可以懷疑的。

本此，蔣公無論對長輩、對家人，在感情方面是很豐富的，很真情的，是很值得敬佩的！至於他對部屬、對學生、對國家、對人民的關懷和愛護，更不在話下，本文無篇幅足以敘述。

四、總結

要對一位當代「巨人」「偉人」下結論是一件很難的事。人們往往從個人親身的體驗做判斷，那是很自然的事。蔣公領導中華民國長達五十年（一九二六～七五年），四、五億的中國人都受到了他直接或間接的影響，其間恩怨情仇各不相同；但站在歷史的制高點，站在中華民族的立場，至少有一點，蔣公是任何人都必須承認的：他是「民族復興的巨人」！一百多年的國恥，「東亞病夫」的惡名，都是由於他堅苦卓絕，領導艱苦萬分的「八年抗日」獲得勝利，完全洗雪！日寇「無條件投降」，中華民國成為全世界「四強、五大」之國，更為「聯合國」的創始者，不念舊惡，原諒敵人，「不要日本賠償」，「以仁為本」。都已載諸史乘，名垂千古！在中國歷史上的確無人可及。至於北伐成功到建設台灣，猶其餘事。

蔣公真是千古不朽的巨人！

華夏一百六十年指標人物心態管窺

——用共產主義橫掃全國的毛澤東、鄧小平

拾、曠世神魔毛澤東

一、引言

　　提起毛澤東，我就想起我警官學校時代「經濟學」老師鄭學稼教授在抗戰時期所著的《毛澤東評傳》。他開章明義在序文中寫下了下面的話：「無論留芳或遺臭，毛澤東都是不朽的！」旨哉斯言！半個世紀後的今天，世人對毛澤東的評價，仍然在「留芳」與「遺臭」之間激烈爭辯。譽之者，認為毛是曠世偉人，是空前絕後的革命家，國家偉大的「舵手」，把中國提昇到與美、英、蘇等一流強國平起平坐的高位。在他的崇拜者眼中，他是「神」，是無所不能、無所不在的「神」！但他在毀之者眼中，卻變成了暴政的「推手」，殺人以千萬計，不分善惡，逆我者亡，使老百姓聞其名而喪膽！他是一個「大大的魔王」！

　　究竟毛澤東是「神」還是「魔」？讀讀他那篇以「雪」為題〈沁園春〉的詞，就可獲得鮮明的印象；加上他專政後幾場大「運動」，更可明顯地認識：毛澤東是神與魔的混合體！他那不可一世的狂野，把華夏兩千多年的名君聖主，由秦始皇到漢高祖、到漢武帝、到唐太宗、到成吉思汗、到明太祖，批評得體無完膚，最後以「數風流人物，還看今朝。」來總結，真是狂妄自大，目空一切！等到他一九五〇年擊敗國民黨，開「中華人民共和國」於北京，就完全忘記了他在打天下時期對

國人的「民主」承諾，展開了腥風血雨的幾個大「運動」：從「三反、五反」，到「大鳴大放」，到「三面紅旗、大躍進」，到「文化大革命」，整二十六年（一九五○～一九七六），數千萬人被清算、遭屠殺、遭冤死，包括他最親密的同志、戰友，如劉少奇、林彪等等；真是慘絕人寰！在全世界人類歷史上罕有其匹！毛澤東之於中國人，他是一個「魔王」是可以定論的。

但他死後，居然在中國以外的若干國家，出現了「毛派游擊隊」（Mao's Guerrillas），遍布印度、東南亞、太平洋島國及非洲各若干國家，而且在尼泊爾和東立摩爾島取得政權；印度的「毛派游擊隊」盤據印度德干高原已有二十餘年，迄今仍相當活躍。以一個中國人，特別是漢人，能在國際上產生如此激烈的政治影響，可說是「前無古人」！

「後有來者」否？恐怕也不容易！毛在生前，打敗強敵國民黨，創建中華人民共和國；死後還能激發其他國家奉他的名發動武裝革命，獲得成功，他「神」的地位也可確保了！

所以說：毛澤東既流芳，又遺臭；既是神，又是魔；而且在全世界，尤其在中國五千年歷史上，他是獨一無二的！無以名之，我名毛澤東為「曠世神魔」，恰當與否？只有請讀者們去衡量了。

▲ 毛澤東

二、叛逆青少年

一個「神」與「魔」的混合體，自然不是偶然或一旦形成的，而是他特殊的基因和特殊的環境及成長經過所打造出來的。首先，我們應該大致檢討毛澤東出生的時代與地區。

毛澤東出生於中國湖南省湘潭縣的韶山村，湖南省在清末民初是全中國很特殊的省分，湖南人的「騾子脾氣」舉國知名，其特色有三：刻苦耐勞，苦幹實幹；堅持原則，死拗到底（即湖南人所謂「霸蠻」）；和以天下國家為己任，萬死不辭（如譚嗣同的就義）。毛澤東就出生這

個省分內；而他的故鄉湘潭縣，在湖南八十多個縣中，更以「湘潭票」馳名（湘諺：長沙理手湘潭票，湘鄉嗯俺做牛叫。）。「票」者，頭腦敏捷，「點子」多，很難駕馭之意。在湖南，湘潭人是特別受人敬畏的。恰好，毛澤東是湖南湘潭人，他個性的特色就可想而知了。

毛澤東出生於一個半自耕農家庭，他父親不是一貧如洗的佃農，而是一個小地主，略有資產，才有力量送他求學，並送到九十華里外的省會長沙市進了那時湖南最高學府「湖南第一師範學校」。他的同班同學，我的臨湘縣桃林鎮的長輩李湘濤、劉驥生諸先生，談起毛都說毛出手很大方，很能交朋友，所以毛並非如他自己所說出自一貧如洗的佃農家庭。但他在少年時期即有反叛的性格，在一本定名《險難中的毛澤東》書中，作者趙大義、高永芬、邵永貴等三人，在書中第一章即列舉毛在青少年時代有下面的反叛行動：

1. 常同父親的「舊思想、舊行為進行抗爭」，被父親痛打，讓慈祥的母親出面維護。
2. 在長沙第一師範求學時期，發動驅逐校長張幹的學潮，被校方列為「鬧事首惡」，差一點被開除學籍。
3. 在第一師範展開學運，反對政府，遭湖南省政府派軍警捉拿，幸獲校長武紹程掩護逃脫。
4. 因領導長沙泥木工人罷工，受當地政府監視，幸獲脫險。

這是毛澤東在二十歲以前一些重要的「反叛」活動，注定了他一生的反抗性格。即使他掌握國家大權後，仍然以「反」自豪，注定了他「魔」的命運。

三、功業四階段

前文談蔣介石的功業，我分他為春、夏、冬、秋四階段，甚獲讀者們的心領神會。毛澤東的事功，也可寫為四個階段，但與蔣介石很不相同，作者認為毛澤東一生事功，可用易經乾卦中的爻辭來描寫最為傳神：

第一階段：「潛龍勿用」；自他加入共產黨，到一九二八年十月贛南井岡山起義，到「二萬五千里長征」，至一九三五年一月十五日、十七日在貴州省遵義縣舉行的「中共中央政治局擴大會議」，選舉他為中共的最高領導人，為期七年。

第二階段：「見龍在田」；從一九三五年遵義會議，到一九四五年抗戰勝利，他韜光養晦，由零開始，到壯大擁有百萬精兵，凡十年。

第三階段：「飛龍在天」；從一九四五到一九五八年，由國共內戰，到建國，到「大躍進」，整整十三年，是他的全盛時期，獲得極大的擁護、愛戴和支持。

第四階段：「亢龍有悔」；從一九五八到一九七六年死亡，是他「有悔」的十八年。結束他多采多姿卻又怨聲載道的一生。

茲詳述四階段要義如下，供讀者省思，也供歷史家定評：

1. 第一階段：潛龍勿用；爻辭說：潛龍是「德而隱者，不易乎世，不成乎名，遯世無悶，確乎其不可拔。」毛澤東於一九二七年九月領導湖南秋收暴動失敗後，率眾前往江西省的井岡山，投奔據山為王的王佐，把從湖南帶來的步槍七十餘枝作為見面禮；其狼狽情形可想而知。

   (1) 井岡山地處偏遠，交通非常不便，短短數月，該地成為華南各地區共黨暴動失敗後的集中地，包括從南昌來的朱德、陳毅，從湖北來的彭德懷等，乃在贛南取代王佐後，糾集湘東武裝農民，進行工農革命。湖南、江西兩省政府派軍「清剿」，屢遭敗績，毛澤東的影響力量愈來愈大。但那時中國共產黨「中央」，仍在上海，主持城市工人暴動，認為蘇聯式的工運才是「正宗」，對毛並不信任；對毛在贛南的成就，迭有指責。屬於中共「國際派」的中央領導人以李立三為首，儘管毛的贛南蘇區，已擴充到福建西部和廣東北部，而且一九三一年十一月七日在瑞金縣成立了「中華蘇維埃共和國」，李立三等更是把毛澤東一夥看成眼中釘！因為毛當選了這個共和國最高行政機構「人民委員會」的主席；副主席是項英和張國燾，中共中央

國際派的人物卻被擱在一旁。

(2) 一九三二年十月十二日中共蘇區中央局發布命令，撤除毛澤東在蘇區的軍事領導職務，由國際派的大將周恩來接任，毛則與妻賀子珍進入福建省西部長汀縣的福音醫院養病，是為對毛的一大打擊！

(3) 一九三三年一月下旬中共中央負責人秦邦憲因上海的工運徹底失敗，進入贛南蘇區，直接領導全黨，對毛澤東的路線進行批判。在莫斯科的「國際共產黨執行委員會」也對毛澤東有所指責。

(4) 就在毛澤東與國際派鬥爭的同時，中華民國在南京的中央政府，在軍事委員會蔣中正委員長的領導下，勵精圖治，發動對贛南「中華蘇維埃共和國」的圍剿。經過第一次到第四次圍剿的失敗經驗，中央政府採行了有效的「碉堡政策」，即興建共軍輕武器不易攻破的堡壘，將共軍根據地團團圍住，並緩緩縮小包圍圈，發動五十萬經過嚴格訓練的「國軍」，向蘇區節節逼近！蘇區的「中華蘇維埃政府」，逐漸陷入困境，就在這個緊急關頭，中共國際派的王明、李德等並沒有放鬆對毛澤東的鬥爭，藉黎川一戰敗於國民黨之役，清算毛的嫡系該役司令員蕭勁光，要處以死刑，雖經朱德等說項未死。可見毛在黨內受到很大的壓抑，雖貴為「共和國」的主席，仍然在「以黨領政」的大環境下，處處受到黨中央（國際派）的壓制和打擊，他是「潛龍」而「勿用」，是很明顯的。

(5) 蔣委員長親自指揮的「第五次圍剿」，在全力推動「碉堡政策」之下，向江西南部的蘇區，即「中華蘇維埃共和國」所在，步步進逼。

一九三四年十月十八日，全部紅軍八萬六千餘人，在無法堅守基地的情況下，開始「戰略大轉移」，亦即所謂「二萬五千里長征」的開始。「長征」離開了經營七年的「蘇區」，放棄了「中華蘇維埃共和國」，其心情是悲痛的！但在長征途中，國際派與莫斯科斷了線，王明、秦邦憲等已無所依靠和作為，原為國際派的周

恩來已向毛澤東輸誠。於是當「長征」第三個月，逃到貴州遵義，召開「中央政治局擴大會議」時，大家一致擁護毛澤東出任黨的最高領導人，結束了毛的「潛龍勿用」的階段。

一九二八年十月至一九三五年一月，這七年毛澤東在贛南埋頭苦幹，井岡山一隅之地，擴展到閩西、湘東、粵北近十八個縣，建立了「中華蘇維埃共和國」，卻受到中共中央國際派的打壓，被剝奪軍權，被打成「冒進派」，被迫進醫院修養。他卻「自有主張」，不動聲色，「德而隱」，「遯世無悶」，「確乎其不可拔」，可算得是道地的「潛龍勿用」。他「忍」的功夫，是一般人所不及的！

2. 第二階段：見龍在田；爻辭說：「見龍在田，利見大人，君子終日乾乾，夕惕若厲，無咎。」在這個階段中，毛澤東養精蓄銳，從零開始，爭取國內和國際的同情，廣結善緣，終能坐大，與蔣介石做最後一搏！從民國二十三年，即一九三四年的延安，到他在陝北建立「邊區政府」，從七千人到百萬大軍，真是「夕惕若厲，無咎」，茲述其要：

(1) 一九三五年十一月五日毛的「長征」部隊，經過三百七十多天的苦難，到達陝西延安附近，當地土共劉志丹、謝子長等出來迎接，八萬多人剩下七千二百人，真是可怕的損失！毛澤東能夠生存下去嗎？有發展的前途嗎？

(2) 就在這個生死存亡的關鍵時刻，毛的對手蔣介石犯了他一生中最大的「政略錯誤」，蔣成立「西北剿匪總司令部」，自兼總司令，任命東北軍的領導人張學良為副總司令，輔之以西北軍的領導人楊虎臣；想把東北軍和西北軍與中共對陣，一石二鳥，把共軍和東北軍、西北軍同時消滅。蔣自鳴得意，卻給共軍殘餘與張、楊合作的良機，發動震驚世界的「西安事變」，從此毛澤東否極泰來！

(3) 一九三六年十二月十二日蔣介石親自帶領中央政府要員十餘人，到達西安，想靠他個人的魅力以及他與張學良的私人情

誼，勸阻張學良不要和毛澤東合作。事前，情報顯示：毛澤東和周恩來到達延安後，看到自身的脆弱，瞭解蔣要利用東北軍和西北軍來消滅他，於是展開他所擅長的統戰手段，向張學良與楊虎臣的部隊展開了「中國人不打中國人」以及「中國人要一致抵抗日本人的侵略」的大規模宣傳。張、楊和他們的部屬很能接受這種思想，對蔣的「先安內再攘外」的政策，大表反感！蔣不知此情，一到西安，便被張學良扣留。經過十二天的談判後，蔣被迫放棄「先安內再攘外」的策略，轉一百八十度的變成了「一致對外，一致抗日」。於是毛澤東乃能在西北，表面上共軍改編為「國民革命軍第十八路軍」，安然坐享中央政府的待遇和補給，實際上則拿政府的錢，擴張自己的勢力，一直到一九四五年八月抗戰勝利。

(4) 毛澤東到延安之初，連同劉志丹的土共，也不過四、五萬人。西安事變後，次年，一九三七年七月七日，八年抗戰開始，蔣介石率領全民與日本軍隊二百餘萬人，作殊死戰，犧牲了一千多萬軍民，在美國援助下雖贏得了抗日勝利，但八年苦戰，民窮財盡，無暇去約束毛澤東的勢力。毛則乘蔣無力內顧之時，從一九三七到一九四五年，八年之間，在陝西、甘肅、內蒙古一帶，甚至遠及河北省，建立多地區的「邊區政府」；又在江蘇、浙江、安徽等日軍占據的地區建立「新四軍」。蔣介石率領的「國軍」正面有強敵日軍，後方和側方還要提防共軍和汪精衛的「偽軍」，三面受敵，苦不堪言。日寇投降，蔣雖擁有五百萬大軍，但經八年久戰，早已軍心厭戰。而共軍在毛澤東的發動之下，已超過一百多萬人，養精蓄銳，要與中央軍對決。其優劣已是相當明顯！

(5) 抗戰時期，毛澤東不僅擁兵坐大，而且發動了一連串的「統戰」攻勢；他以「民主」向國際，尤其是美國的自由派宣傳，強調他和他的共產黨是堅決主張民主的，蔣介石是獨裁的、反民主的！很多自由派的美國政要，都受了他的騙，包括馬歇爾

將軍，在國、共和談中，左袒毛澤東，使毛在國共內戰的國際宣傳中獲得很大的勝利。

(6) 毛澤東從逃到延安到抗戰勝利，是道地的「見龍在田」。他「利見大人」，他的「大人」是張學良、楊虎臣，發動西安事變改變了蔣介石的政策，由安內變成抗日，使他得休養生息，重整旗鼓。抗日時期他的「大人」是美國名作家史諾和史沫來，這兩個美國人成為毛在美國的傳聲筒；加上一個與蔣有仇的史迪威將軍，簡直把毛當成民主的化身！千千萬萬的美國人以為毛是中國民主化的希望所寄。毛澤東「終日乾乾，夕惕若厲」，標準的「見龍在田」，充實實力，東山再起。他的確做到了！

3. 第三階段：飛龍在天；爻辭曰：「利見大人，同聲相應，同氣相求，上治也。」是毛澤東最得意的時期；即抗戰勝利，中共經過十年的休養生息，拜日寇與國軍苦鬥八年之賜，毛的羽翼已豐，坐擁百萬大軍對抗心態疲憊的國軍，自有勝券在握的優勢！

(1) 就在這個決勝關頭，蔣介石以最高統帥的地位，犯了第二個「政略上的大錯誤」！國民政府，由接收東北司令長官陳誠上將代表，拒絕接受「滿洲國」四十萬軍隊的收編。這個決定使四十萬熟悉東北天時地利人文的前滿洲國軍隊，一夜之間帶領八百名幹部投入中共軍東北林彪的懷抱，使國、共軍事力量產生了「大逆轉」，國軍原是挾日軍無條件投降的優勢，卻轉變成共軍在東三省的優勢。國、共兩軍在東北開火，共軍有原滿洲國四十萬大軍的參與，國軍雖有孫立人的美式裝備新軍參戰，仍敵不過東北的嚴寒與人地生疏，終告全盤敗績。這就是為什麼東三省到台灣來的民意代表，一致要求「槍斃陳誠」的緣由。

(2) 共軍在東北的勝利，加上國軍及政府人員因接收使內部腐敗，以及毛澤東發明「不人道」但很具震撼作用的「人海戰術」，再加上馬歇爾國務卿「八上廬山」的國共和談破裂，馬對蔣委員長完全誤解，左袒中共，最後停止對國軍的美援。他以為中

共當權後，中國會成為民主國家。民國三十七年秋，國共最後一次大戰「徐蚌會戰」，中共名之為「淮海戰役」，國軍一敗塗地，指揮官邱清泉上將自殺殉國，從此國民政府撤至台灣，形成隔海對峙的局面。

(3) 毛澤東在「淮海戰役」擊潰國軍主力後，其軍隊就如秋風掃落葉，沒費太大的力量，兩年不到，控制了中國大陸全地。民國三十九年十月一日在北京成立「中華人民共和國」，自任第一屆國家元首，同時任中國共產黨主席，集黨政大權於一身，受到十億人民的歌頌崇拜，當年「數風流人物還看今朝」得以實現，真是躊躇滿志，君臨天下，算得上是「飛龍在天」了！

(4) 作為「中華人民共和國」的開國元戎，毛澤東在頭幾年施政，當然走共產主義的路線，首先推動「三反五反」運動，剷除地主、富農，透過清算、鬥爭，消滅了他所謂的「階級敵人」近一千萬人。雖然血流成河、哭聲遍中華大地，但在「無產階級專政」的大帽子下，冤死數百萬的善良農民、自耕農和小地主，也只能接受「掃地出門」的厄運（作者的親叔叔梅浩志就是冤死、未平反的實例）！接著大辦「商業公私合營」使全中國的商業行為國家化，消滅了自立自主的千萬商人。一九五四年為了清除知識分子中的反共思想，又發動了「大鳴大放」的「陽謀」，成千上萬的作家、教授、文化人受到慘無人道的迫害，走上自殺之路！毛澤東很自豪的說：他「焚的書」「坑的儒」，遠遠超過秦始皇！這是他聲譽的最高點，中國大地十億多人民，無人不高呼「毛主席萬歲」。毛澤東從一九四五年國共內戰，到一九五八年推動「三面紅旗、大躍進」，真是「飛龍在天，上治也」，沒有一人敢反抗！其得意忘形，可以概見。

4. 第四階段：亢龍有悔；爻辭曰：「亢之為言也，知進而不知退，知存而不知亡，知得而不知喪。貴而無位，高而無民。」毛澤東發動「大躍進」的全民大煉鋼，推行「人民公社」，要在二十年內「超

英、趕美」是他進入衰退的「亢龍」階段，一直到他死亡，凡十八年，茲述其要：

(1) 毛澤東在清算了全國數千萬地主、富農、商人、資本家、教授、知識分子以後，忽發狂想，要實現最原始的共產主義，於是他提出了「三面紅旗——大躍進」的瘋狂運動，其重點在廢除家庭生活方式，建立「人民公社」。在「吃飯不要錢」的號召下，所有的人都要到「公社食堂」去吃飯，家中不准開伙，把所有燒飯、煮菜的鐵器，都捐出去「大煉鋼」。同時要每一個人民公社都建立「土高爐」，砍伐社區內的樹木，拿來燒火煉鋼；聲稱：國家建設「以鋼為綱」，要在二十年內「超英、趕美」！又對農業生產提出「深耕密植」的口號和「消滅害蟲害鳥」的行動。不到幾個月公社食堂開不出飯來（因人民只吃不付錢），農田收不到穀子（因密植後稻子不能成熟），蟲害遍全地（因吃害蟲的鳥類被消滅了），土高爐把家用鐵器熔成了一無用處的大鐵塊，根本煉不出鋼來！「大躍進」變成了「大笑話」還不算，由於農田無收，一連發生了三年（一九六〇～一九六二）大饑荒，數百萬農民被餓死。是中國人民一次「大浩劫」！都是由於毛澤東的狂妄和無知！

這時候，中共有識之士深感痛心，追隨毛一生的忠臣、大將，「長征」總指揮官和「抗美援朝」總司令員彭德懷元帥，於親自考察基層的苦難後，向毛澤東作忠誠懇切的諫言，希望停止人民公社及大煉鋼等暴政。毛大發雷霆，將彭終身貶斥，放棄到東北苦寒地區作一名農場場長，全國人民都為彭抱不平！這是毛「亢龍有悔」的開始。

(2) 一九六〇年盧山會議，黨中央深感毛「三面紅旗」對國家和人民傷害嚴重，決議解除毛「國家主席」的職務，只留下擔任中國共產黨的主席，毛於是失去了政權。六〇年代初期，英國名將蒙哥馬利元帥訪問毛澤東於北京，據說有下面一番對話：

蒙：主席，您現任黨主席，感想如何？

毛：很不錯！我就像中國家庭的「神主」，地位很高，家裡的事都問不著。

　　由這短短數語，可知毛對自己打下來的江山，被迫交給劉少奇等統治，是很憤憤不平的！於是他搬離了北京，遷居上海，圖謀東山再起，這就是一九六六年開始的「文化大革命」。這是他「亢龍有悔」進一步陷溺，因為他在文化大革命中的倒行逆施，真正做到了「知存而不知亡，知得而不知喪；貴而無位，高而無民」的地步！

　　毛領導的「文化大革命」其成敗在中共歷史上已有定評，據聞中共元老葉劍英元帥在一次黨的重要講話中，對毛作了三句話的評語，「毛澤東同志建國有功，大躍進有過，文化大革命有罪」可謂公正的批判！一個開國元勳，創國領袖，居然落得「有罪」的下場，真是情何以堪？

(3) 為甚麼推動「文化大革命」毛是有罪的？簡要的說：他過去殺千千萬萬的地主、富農、商人、資本家，甚至於知識分子，都給他們戴「無產階級敵人」、「反動分子」、「人民公敵」或「右派」的帽子，雖然冤死的人有數千萬，但總還勉強合乎中共自己的邏輯。但文化大革命完全不同：殺的、害的都是他自己數十年的同志、戰友，是自己最親信的人，以「國家主席」劉少奇為例，劉被毛打成「國民黨的特務」和「美蔣特務」，將劉打得半死，冤死獄中。真是千古奇冤！其他冤死的自己人以千萬計。故毛在「文化大革命」中有罪是毫無疑問的！

(4) 為甚麼說毛的最後階段為「有悔」呢？毛在「大躍進」運動餓死了數百萬農民，被迫交出國家主席的高位，在「文化大革命」中為了摧毀國家和黨的機器，誣陷成千上萬自己的同志，為了他最親信、最倚重的林彪，不惜修改「憲法」，明定林彪為「接班人」、「副統帥」，但林彪卻陰謀要殺死他！雖然因

事機不密，林彪謀殺失敗，駕飛機出亡，墜毀於蒙古，但林彪決心殺毛，對毛精神的打擊極大。這一點，在毛的私人醫生李君的回憶錄中有深入的報導。毛到了晚年，連自己最親信的人，欽定的接班人林彪都決心殺死他，毛心理上的失敗感、傷心和失望是很明顯的。正如「亢龍有悔」的爻辭：貴而無位，高而無民，到頭來只有「一場空」！當然，他還不預知：在他死後，他的枕邊人、愛人、幾十年同床共枕的妻子，江青被鄧小平打成「四人幫」的首惡，被判處死刑，江青最後自殺了其殘生。毛應「亢龍有悔」是最合理的「蓋棺論定」了！

四、毛的家庭

民國初年幾位風雲人物的家庭都較複雜，毛澤東尤甚！他的家庭屢遭悲劇，加上反覆無常的性格，他的感情生活與他同時代的人物很不相同；迭遭妻死、子喪之痛，心理很不平衡，五次婚姻和一個複雜、鬆散的家庭，使他性情更加反常！茲簡述他的婚姻歷史如下：

第一次：奉父母之命娶一位長他六歲的李小姐，毛澤東對這次年輕時的「包辦婚姻」諱莫如深，甚至深惡痛絕。他從不承認過這位可能是「童養媳」的配偶。但史家考證，這位夫人是的確存在過的。基於對他雙親專橫、責打的報復心理，毛澤東否定了這次婚姻的存在。

第二次：楊開慧女士是毛澤東最恩愛、最懷念，卻是死得最慘的配偶和情人。他是毛的老師楊昌濟的掌上明珠，由相識而相愛，於一九二一年春結婚，一連生了兩個兒子，即長子毛岸英（一九二二）、次子毛岸青（一九二三），再過三年生第三子毛岸龍（一九二六），應該是他倆最快樂的時期。毛在事業上，那時因國、共第一次合作，也相當順利，當上了黃埔軍校的高級幹部，甚至國民黨的中央宣傳部長。但好景不常，國、共於一九二七年宣告分裂，國民黨致力清黨，毛於同年九月發動湖南農民的「秋收暴動」，失敗後投奔江西井岡山，把楊開慧母子四人留在長沙。一九二九年冬毛在井岡山已頗有名氣，被政府通

緝，捉不到他。湖南省主席何鍵便把在長沙的毛夫人和三個孩子關起來作為人質，經毛的友人向何說項，何最後同意：如楊登報與毛離婚，即可全部釋放。但楊大義凜然，決不與毛離婚，於是何主席於一九三○年十一月十四日下令將楊開慧女士槍決，年僅二十有九，結束了可貴的青春生命。毛對楊之死非常震撼、思念；一九五七年五月作了他那首著名的詞〈蝶戀花〉，名句為：「我失驕楊君失柳，楊柳輕颺直上重霄九。問訊吳剛何所有，吳剛捧出桂花酒。寂寞嫦娥舒廣袖，萬里長空且為忠魂舞。忽報人間曾伏虎，淚飛頓作傾盆雨。」

楊生的三個孩子由毛的友人祕密運到上海撫養長大，其結果容後再述。

第三次：楊開慧屍首未寒，毛在井岡山早已結識了江西永新縣一位投奔井岡山的十七歲可愛的小家碧玉，即和毛共患難，一同「長征」的賀子珍。賀與毛的結合是一九二七年毛到達井岡山後不久，長達七年。據說他們的婚姻曾生了多個嬰兒，均在長征途中死亡，所以毛、賀並無子嗣留存。一九三七年毛在延安已安定下來，賀則因「長征」期間過度勞累而生重疾，由毛送她去莫斯科療養，這時毛在延安遇上了從上海投奔前來的影星藍蘋，使毛與賀的婚姻關係發生了巨大的變化，藍蘋以電影明星的身分「征服」了毛澤東，是為毛的第四任妻子。

第四次：藍蘋在中共眾多元老、重臣反對之下，成為毛的正式夫人，改名江青，她所受的教育和識見自然遠在賀子珍之上。雖然中共中央一直不同意她參加黨政工作，但到了毛的晚年，特別是文革期間，毛已是眾叛親離，江倒成為他的主要支持力量，而高居「四人幫」的幕後指揮者。也是因為這層關係，毛死後，鄧小平對她深惡痛絕，將她判處死刑。江至死不認罪，不悔過，堅持毛的大革命路線是正確的。毛得此唯一紅顏知己，倒也是他始料所未及！

第五次：毛澤東晚年的女伴，就是眾所周知的張毓鳳女士，她是毛在出巡時乘坐「專特」火車上所結識的，哈爾濱的東北佳麗。毛與她的婚姻關係眾說紛紜，因江青始終是毛的「合法」且「公開」的配偶、夫人，雖然外界盛傳，毛對江青「有看法」，卻「沒辦法」，江仍穩坐

「毛夫人」的寶座是至死未被推翻的。可是張毓鳳的確是毛晚年時刻守在身邊的女性，而且毛在最後幾年張成了毛的「政治局機要祕書」，經手各種極機密文件，在權力核心的「中央政治局」具有舉足輕重的地位，受到極大的重視。

　　當然，毛的緋聞極多，未便詳述。就上列五人言，毛的婚姻關係是零碎的，是不美滿的：最愛楊開慧被槍斃，同患難的賀子珍被打入冷宮，最美的江青疏離了，小鳥依人的張毓鳳救不了「夕陽西下」的「偉大領袖」。可以說毛的婚姻生活雖不能說是失敗，至少是殘缺的！與孫中山及蔣介石比較起來，毛在這方面是不幸的！

　　至於子孫方面，毛就更加傷感了：楊開慧與他生的三個兒子，老三岸龍早夭，老大岸青死於韓戰的美國飛機轟炸，老二得了精神病不能工作，兩個女兒也沒有太多的表現，現在只剩一個孫兒毛新宇倒還健在，近年寫了一本毛澤東的傳記，毛地下有知，可能是他「唯一的安慰」了。

五、總結

　　毛澤東當然是華夏近一百六十年中最具指標性人物之一！他的反叛性格從青少年時代到老死並沒有太大的改變，青少年時反父親，在學校反校長，從事政治活動後反政府，自己掌權後反人民，反自己的部屬，千千萬萬的人由於他「反到底」的僻性而死亡；億萬的人聞他的名而戰慄，億萬擁他的人歡呼萬歲。在擁護他的人們心中他是「神」，在反對他的人們心中他是「魔」。事實上他是神與魔的結合體！

　　蓋棺論定，毛澤東也許可以說代表了中華民族一百六十年的鬱悶和怨氣，這個偉大民族十九世紀中葉開始一百六十年，所受屈辱太多、太大，八年抗戰還不足宣洩這股不平之氣；只有毛的狂野才能把這口氣出盡！他砸爛了所有的教條，殺戮了所有他看不慣的人，大喊超英趕美，參加韓戰和美國打個平手。一九六〇年代和蘇聯分裂，把他一度最擁戴的蘇俄老大哥打成為「蘇修」，而且發展了原子彈、氫彈和人造衛星，

使中國真正成為天不怕地不怕的強權！就中華民族的世界地位言，不管他個人是流芳或遺臭，毛澤東這三個字應該是不朽的！

拾壹、紅衣大士鄧小平

一、引言

老實說，我對鄧小平先生一直沒有很深刻的印象。青年時代我只聽說他是一九一八年歐戰後「勤工儉學」留學法國的學生，後來轉往莫斯科成為早期的共產黨黨員。他的光芒被炫炫發亮的周恩來掩蓋了！在共黨初創於上海時期，他曾出任共黨中央的祕書長，時為一九二七年十二月，年僅二十四歲。但那時期中共在上海的力量很小，被北伐成功後國民黨的勢力所剷除。黨中央只好逃離上海，投靠在江西已立足、毛澤東的井岡山根據地。鄧小平到一九三一年才由上海進入贛南，毛澤東給他先後兩個縣委書記的地位，可說明「無藉藉之名」。最重要的職務，不過是《紅星》報的主編。

但在贛南期間他做了一件毛澤東永遠不能忘記的事，那就是中共歷史上的第一個「四人幫」，即「鄧、毛、謝、古」事件。鄧小平結合了毛澤東的唯一弟弟毛澤覃、謝維俊和古柏，對當時在贛南中共中央把持黨務的國際派首腦、也是毛澤東的死敵——王明展開鬥爭，遭受很大的挫折。其中三人在贛南多次「圍剿」的戰役中犧牲。毛對這個早期的小「四人幫」協助他反對國際派王明的行動點滴在心，因為這個小四人幫是支持毛澤東，反對王明的。所以三十多年後，文化大革命時，毛特別提出這點，認定鄧不能與劉少奇等量齊觀，應該從輕處理。鄧能兩次復出，是有其基本原因的。

二、劉、鄧合作，方面大員

一九三四年十月的二萬五千里「長征」，出發後，一九三五年一月舉行了遵義會議，毛澤東正式成為中國共產黨的領導人，立刻任命鄧

小平為黨中央的祕書長。但「長征」是「逃難」，軍事第一，黨的工作放在次要的位置，鄧的表現有限。次年到達延安，發動西安事變，決定國共兩黨二次合作，一致抗日，鄧都居於幕後。一九三七年八月二十七日國民政府軍事委員會將在陝西的紅軍，納入國軍編制，統一成立「國民革命軍第八路軍」，任命朱德、彭德懷為正、副總指揮，葉劍英為參謀長。旋成立政治部，任弼時為主任，鄧小平為副主任。由此可見，抗戰初起（一九三七）時，鄧小平在共軍的地位並不突出，也不顯赫。一九三八年一月鄧小平奉調八路軍所屬三個師之一的一二九師「政治委員」（即政治部主任）。在師長劉伯承的手下工作，開始了長達十三年的合作。這十三年是鄧小平的磨練時期，也是他凝聚實力時期。為他後來領導國家，作了很紮實的準備。

劉伯承也是四川人，與鄧是「大同鄉」，綽號「獨眼龍」。「驍勇善戰」，在共軍當中有「長勝將軍」之稱，鄧小劉十二歲，都屬「雞」。鄧對劉有崇敬之心，二人感情非常融洽，工作非常協調，在十三年長期合作，鄧為劉團結軍心，發動民眾支持，盡了很大的力，立了很多功，一二九師屢立戰功；其要者如下：

1. 從山西東部逐漸發展到河北西部，進而擴充到河南北部，所到之處摧毀國民黨政府機關，建立共產政權。

2. 一九三九年一二九師進入山東，在山區中立足，由此共黨的勢力範圍進入中國心臟地帶，即晉、冀、豫、魯四省的山區，力量日益壯大，鄧是組織地方共產政權的推手。

3. 一九四〇年劉、鄧占領山西省涉縣的赤岸村，地居險要，易守難攻。此後五年內，是一二九師師部的所在地。指揮該師在山西、河南、山東，即太行山山區（或解放區）的軍政活動中心，力量日趨龐大，鄧是很有功勞的！

4. 一九四一年和一九四二年是一二九師比較艱苦的年代。但劉、鄧合作，度過難關。自一九四三年起，日軍的實力日漸削弱，國軍在華北的地方勢力也在減弱中，一二九師乃獲得進一步擴展的機會。

一九四五年抗戰勝利，日軍無條件投降，劉、鄧領導的一二九師已

經自國民政府手中（共黨稱之為「自國民黨手中」）占領華北中原鄉村地帶極大的地區，武裝力量在新成立的「中共中央晉、冀、魯、豫局」管轄之下擁有野戰部隊（正式軍隊）八萬餘人，地方部隊二十三萬餘人，由一二九師原來的一萬人，增加了三十倍。其所控制的地區絕大部分不是得自日軍占領區，而是從國民政府控制地區獲得。西安事變一致抗日的誓言，轉變成為中國人打中國人，真是民族的悲劇！

無論如何：成王、敗寇，歷史的巨輪是無情的！劉、鄧在抗戰時期是勝利者！但更大的勝利還在後面；一九四六年美國調停國共合作失敗，歷史上知名的「國共內戰」正式爆發。一二九師大大擴充為第二野戰軍，仍然由劉、鄧領導，在短短三年不到，劉、鄧的軍隊為主力，會同友軍勝利完成下列各大戰役：

1. 一九四八年秋的「徐蚌會戰」，中共名之為「淮海戰役」；
2. 一九四九年強渡長江，占領國民政府首都南京；
3. 一九五〇年進軍大西南，與友軍克服國民黨的最後中國大陸的重要基地重慶。

從此國民黨政府在中國大陸已無立足之地，退守台灣海島，展開此後四十年的對峙局面。

論功行賞，鄧小平被封為中共「西南局」的第一書記；開府重慶。二十九年前，他以十六歲的青年隻身離開重慶，乘輪船赴上海轉往法國參加共產黨。今天回來，已經是當地第一號人物，掌軍政、生殺大權的第一書記，真是一個奇蹟！但誰知道這個四十五歲的人，還有更艱苦、更光輝的事業在後面等著他呢？

三、從總書記到叛徒

一九五〇年到一九六六年，這十六年中是鄧小平的輝煌時代，也是中國共產黨的光輝時代！一九五〇年十月一日毛澤東創建「中華人民共和國」於北京，一手切斷了與中華民國的關係。把在重慶當家「中南局第一書記」的鄧小平調到北京，擔任「政務院」（後改國務院）的副總

理，成為周恩來總理的主要助手。國家新成，毛澤東一連發動幾個「大運動」，包括「三反、五反」打倒地主富農，土地收歸國有，農民成了事實上的「農奴」。又搞「公私合營」，使全國大小企業國家化，從此中國沒有私人企業凡三十餘年。再來一個「大鳴大放」，使教育、文化界、知識分子俯首稱臣，誰也再不敢批評共產黨和人民政府。一九五八年毛澤東要實現真正的共產主義，提出「三面紅旗」「大躍進」的「偉大號召」，大建「人民公社」，大搞「大煉鋼」，號稱二十年內要「超英趕美」；農村則搞「深耕密植」，想把糧食生產「翻幾番」！結果一連三年大饑荒，被鬥死、被餓死者數千萬人！毛澤東被黨打入冷宮，拿掉了他國家主席的高位，只保住了「黨主席」。劉少奇接收了政權，鄧小平則由副總理，先後轉調財政部長、交通部長、中共黨的組織部長；一九五四年調任中共中央祕書長、中央軍事委員會委員、國防委員會副主席；次年進入黨的權力核心，任中共中央政治局委員；再過一年，鄧又當選為中共中央政治常務委員兼中央委員會總書記，儼然成為黨的第四號人物，即其排名僅在毛澤東、劉少奇和周恩來之下。

　　一九五六年蘇聯共產黨發生重大的變化；赫魯雪夫當權，開始清算史達林，是歷史上著名的「史達林鞭屍」！推翻了史達林式暴政統治的清算恐怖政策，改採較為寬鬆的統治手段；是為蘇聯「修正主義」的開始。

　　蘇聯改採共產黨的「修正主義」，對以清算鬥爭為主的中國共產黨政權產生了極強烈的衝擊！一九五六年二月十四日到二十五日鄧小平以總書記的身分率團出席了蘇聯共黨第二十次全國代表大會。由於赫魯雪夫推翻史達林的暴政統治，使毛澤東很不安，因此鄧在蘇共大會發言，力陳否定史達林的錯誤，同時力指蘇聯「大國主義」的「霸權思想」不當！雙方針鋒相對，極不愉快。因當時中共接受了蘇聯大量的經濟援助，數萬名蘇聯顧問在中國推動數千項建設，著名的黃河三門峽大壩就是那時期開始的。為顧及國家建設，中、蘇的分裂尚不嚴重。

　　到了一九六〇年，即「大躍進」後兩年，毛澤東仍穩居國家和黨的權力核心，這時蘇聯共黨為了鞏固其在世界各共黨的領導地位，在莫

斯科召開了「世界共產黨、工人黨代表大會」，鄧小平以中國共黨的總書記身分率團出席，九月十五日抵達莫斯科。這次大會中共和蘇共正式分裂。赫魯雪夫指桑罵槐；大罵阿爾巴尼亞共黨拿了蘇俄的軍援經援，卻反對蘇共的改革政策。赫某大聲說：「他們拿了我們的金子和糧食，卻反過來罵我們。」鄧小平聽在耳中，自然很不是滋味，一再予以反駁。中蘇從此嚴重分裂：1.蘇聯停止對中共的一切援助，撤回全部蘇聯顧問，停止興建三門大壩；2.中共開始全面攻擊蘇聯共黨為「修正主義」，不服從其領導，自立門戶，與阿爾巴尼亞特別接近，把親蘇的「東北王」高崗、饒漱石加以清算，使蘇聯萬分難堪！

雖然一九六三年七月五日鄧小平第三次率團赴莫斯科，參加中蘇兩國共產黨的會談，但裂痕已經形成，歧見日深，無法彌補。開了兩個星期的會，最後是不歡而散。七月二十二日鄧率團回北京，毛澤東親率劉少奇、周恩來、朱德、董必武等數十人到機場迎接鄧的「凱旋歸來」。毛親口稱讚鄧小平：「赫魯雪夫曾說：鄧小平人那麼矮，卻是一位重量級拳擊師。事實上是這樣：赫魯雪夫搬不動你，他的親信蘇斯洛夫更不在話下！」這是毛、鄧最親密的一幕。

可是好景不常：一九六三年到六六年，毛因「大躍進」徹底失敗，受到黨的攻擊，拿掉了他國家主席；他當然極不甘心。他對當時到北京訪問的英國蒙哥馬利元帥大吐苦水說：他有如中國家庭的神主牌，很受尊敬卻毫無實權。於是他離開了北京，遷居上海，發動了「十年浩劫」的「文化大革命」。在台灣的蔣介石總統看得很透，他說：毛絕對不是搞什麼「文化革命」，僅是要奪回政權而已！真是一針見血的名言。

毛澤東不愧是鬥爭高手，他親自出面煽動了百萬青年，組織百萬紅衛兵，拉攏掌兵權的林彪，不惜數次修改《憲法》，封林彪為「副領袖」、「接班人」，使軍隊站在他這一邊。然後發動紅衛兵，推翻黨和政府的組織與人事，把黨政當權的劉少奇和鄧小平，幾十年的親密戰友打成「反革命的修正主義者」，確定劉少奇、鄧小平、黃克誠、羅瑞卿為反派的「四人幫」，紅衛兵把他們四人，頭上掛了「反動派」的大紙牌，跪在天安門的城樓上，讓數十萬群眾觀看。真是慘絕人寰！由中共

全國總書記，一夕之間成為反革命的「反動派」，剝削了一切身分和榮譽。這是為共產黨為毛澤東打天下，立下無數汗馬功勞的鄧小平想得到的嗎？應該屬於「千古奇冤」吧？

四、兩次復出，力挽狂瀾

毛澤東為了恢復自己在中共和中華人民共和國至高無上的地位和權威，不惜發動純潔、天真的全國大學、高中青年，拿「紅衛兵」作號召，徹底破壞當時由劉少奇、鄧小平主持的黨政體制。對付他欽定的「劉、鄧、黃、羅」四人幫，所給的處罰倒是有相當的差異：劉少奇最慘，被毛誣為「工賊」、「最大的走資派」和「美蔣特務」等，終身監禁，冤死獄中。黃克誠、羅瑞卿雖沒死於監獄，也終身不得翻身。只有鄧小平在罰跪天安門後，復出；再被放逐江西勞改；又起用，即所謂「兩落、兩起」，最後成為中共、全國的最高領導者，真是一大奇蹟。下面是鄧的小女兒「毛毛」的說明：

> 一九六六年，新中國歷史上不幸的一頁翻開了。
> 毛澤東親自發動的「文化大革命」爆發了！
> 一場巨大的「左」的政治風暴席捲了整個中華大地。
> 父親（指鄧小平）被作為「中國第二號最大的走資本主義道路的當權派」而被打倒了。
> 我的父親，我們的家庭，我們全體的中國人民，都經歷了一段瘋狂的、迷亂的、政治被誤導、人性被扭曲的不幸時期。[21]
> 一九七一年，轉機出現了。
> 毛澤東指定的接班人——林彪，陰謀謀害毛澤東未遂，駕機逃跑，機毀人亡。
> 一九七三年，毛澤東奇蹟般地起用了鄧小平。

---

[21] 鄧的兒子鄧樸方在文革時期被迫跳樓、斷腿，成為終身殘障。

一九七三年三月，毛澤東恢復了鄧小平國務院副總理的職務。

一九七五年一月，毛澤東賦予鄧小平中共中央副主席、國務院副總理、中央軍事委員會副主席、中國人民解放軍總參謀長的重任。

父親復出後，在他眼前呈現的，是一片被「文革」的颱風橫掃得滿目瘡痍的零落景象。

父親被打倒過一次了，而他沒有因此而存有絲毫的猶豫。

他當機立斷，運用毛澤東賦予他的權力，憑著對災難深重的國家的前途命運所擔負的責任感，義無反顧地在周恩來的支持下，開始了對「文化大革命」的全面整頓。

父親大刀闊斧，旗幟鮮明的大膽作為，受到了毛澤東的夫人江青等人的大肆反對。

毛澤東英明瀟灑一世，但是，他的晚年，卻是一個充滿謬誤的、令人悲哀的晚年。

他把政治天平的砝碼，放在了比他還「左」的「四人幫」的一邊。

到了這個時候，他唯一信任的人，只剩下了他身邊的親屬和親信。

一九七六年四月，鄧小平再次被打倒了。[22]

同年九月九日，毛澤東逝世了。

同年十月六日，江青和她的「四人幫」，終於被捉拿拘捕，送上法庭。

一九七七年，鄧小平再度復出，恢復了他在黨政軍所擔任的一切職務。

一生之中，三次被打倒[23]，又三次復出，而且一次比一次更加引人注目，一次比一次走向更大的成功。

這不是神話，也不是人為的編撰。

這是鄧小平的真實故事。

這三次復出後，鄧小平已經七十五歲了，年逾古稀。

---

[22] 周恩來已於當年一月八日逝去。

[23] 第一次是江西贛南「小四人幫」被王明打倒，詳見前述。

毛澤東在世時，鄧小平由「反動派」，走資本主義道路的第二號人物，兩落兩起，終能回到中共「黨政軍」的最高職務！其理由何在？

　　第一、是周恩來的力保；

　　第二、鄧在中共領導階層的聲望；與十大元帥，除林彪外都有很好的私誼，軍方很支持他；

　　第三、毛澤東心目中對鄧存有一定的好感；

　　第四、鄧個人的能力和魅力。

　　當他重掌黨政軍大權後，毛澤東、周恩來已死，他雖已七十五歲的高齡，身體還很健康。那時，文革剛剛結束，全國受「文革」之傷慘重。當時全國人民的感受是「有亡黨、亡國」之虞！國家分裂，社會衰敗，人民窮困。鄧小平登高一呼，主張改革、開放，給人民自己發展的空間，揚棄文化大革命的荒謬政策，清算江青領導的「四人幫」，判江青死刑，四人幫王洪文以次都獲重罪。力挽狂瀾，大快人心！

　　鄧小平的改革開放政策的精義，據他女兒「毛毛」的歸納包括下列各項：

1. 用實事求是的科學態度，集中古今中外一切所長，闖出一條中國式的發展道路。也就是眾所周知的「中國特色的社會主義」。

2. 要讓中國人民富裕起來，要讓中國強盛起來。

3. 實現國民生產總值在一九八〇年的基礎上翻一番，首先解十一億人民的溫飽問題。

4. 到本世紀末，使國民生產總值再翻一番，人民生活由溫飽到達小康水平。

的確，以上四大目標，他都做到了！他成為中國「偉大的設計師」。在歷史上，在十多億中國人民心中，他的地位和貢獻，遠遠「超過了」偉大的舵手「毛澤東」。我相信，這是任何人，包括歷史學家沒有想到的。

五、「貓論」與「天安門事件」

　　鄧小平揚名國際有兩件事：一件是「好」的，即是他的「貓論」；

另一件是「壞」的，就是他用殘酷的手段，鎮壓了「天安門民主運動」。兩件事各有其特殊的意義；從這兩方面可以更容易瞭解鄧小平的真面目。

「貓論」據中共方面的考證是源自四川的一句俗語：黃貓、黑貓，只要捉住老鼠就是好貓。鄧是四川人，對這句話自然很熟悉。但首先經常引用這句俗語的倒不是鄧小平，而是他的同鄉劉伯承司令員；劉也是四川人，熟知此諺，常拿這句話來勉勵他的部屬和官兵。

據中共考證，鄧第一次提「貓論」，受到各方注意是一九六二年七月二日在中央書記處討論農業問題的時候；第二次是同年七月七日在接見中共青年團幹部的時候，他提出「貓論」，要件如下：

1. 他不是貓論的發明者，而只是引用者。
2. 他對貓論的引用十分謹慎。
3. 貓論是針對具體問題，而不是孤立存在的。
4. 貓論作為一種比喻，其本身不是一種哲學觀點和理論原則，不具有普遍性的指導意義。

但貓論既出於共黨總書記之口，就很快成為國際傳播的一個焦點，認為鄧小平是務實派（Pragmatic），對共產教條主義產生某一種的否定力量。因此，鄧的貓論在文革初起便成鄧的主要「罪狀」。在打擊他的文字上，貓論改頭換面成為「不管白貓黑貓，只要抓到老鼠就是好貓」。把白貓、黑貓放大成為「走社會主義道路和走資本主義道路」，認為鄧的貓論是「唯生產力論同義字和實用主義的代名詞」，進而推論鄧是「主張走資本主義道路的反派政治觀點」，這樣羅織下來，鄧就成為走資本主義道路的第二號人物，把他綑綁起來，送到天安門上，與劉少奇等一同下跪示眾。

貓論使鄧揚名國際，也使他被毛澤東清算，但真正的考驗卻在一九八九年六月四日的「天安門事件」。我認為「天安門事件」是「貓論」的最終詮釋，鄧小平是走資派還是道地的共產黨？他一聲令下，天安門為民主奮鬥的萬千青年學子的「人頭落地」；他的愛將、中共

總書記趙紫陽從此垮台,遭受軟禁,直到死亡。到今天,二十多年後,「六四天安門事件」的受害人沒有得到應有的平反。鄧小平究竟是白貓還是黑貓,誰也不敢斷言。

其實,一切都很明瞭,鄧小平是忠實、道地的中國共產黨黨員,他在天安門事件中非常瞭解,如果不鎮壓、不屠殺那些參加民主運動的青年,中國共產黨就會完蛋,像蘇聯一樣,中共就會從此消失。他要維持中國共產黨的生存和繼續統治,就非下狠心不可。中國共產黨沒有了還會有鄧小平時代嗎?從務實主義的觀點,他作出了「鎮壓」的決定。

在鄧小平看來,貓論與天安門大屠殺,其邏輯是一致的。因為唯有鎮壓才有共產黨,也唯有鎮壓才有鄧小平。這是最務實的硬道理!

六、鄧的家庭

鄧小平許多地方與毛澤東不同,家庭方面尤其明顯。

毛澤東的家庭遭受妻被殺、子被美軍炸死之痛,加上他的婚姻關係相當混亂,在中共全黨不足成為示範;而鄧小平則完全相反,有一個可稱為「美滿」的家庭。

鄧一生奔走革命,在中共陣容中三起、三落,可是他結婚後卻循規蹈矩,作一個好丈夫、好爸爸,受到黨內同仁的敬重與讚美。鄧的妻子名「卓琳」,這不是她的真名,原名浦瓊英,是雲南省人;她父親浦在延,是雲南省有名的實業家,他是將著名的「宣威火腿」裝進罐頭的第一人。可是他運氣時好時壞,作宣威火腿罐頭,在清末民初的封建社會,生意起落很大。但因為他對省外情形知道很多,民國初年就參加孫中山先生的革命行列,也參加了蔡鍔的倒袁護國運動。孫中山任非常大總統時,派他一個少將的官職。他的第二個兒子還是黃埔軍校第一期的學生呢!所以浦瓊英可說是生於一個革命家庭。

因為她的家庭起落甚大,她父親時而實業家,時而搞革命,所以家中生活很不穩定。在民國十年中國共產黨成立以後,浦家的三個女兒從

昆明遠赴北平讀書，浦瓊英進入了北平第一女子中學，那是一九三二年的事。在中學她受老師和姐姐們的影響，參加了左派活動。一九三六年中學畢業後考取了北京大學物理系，可見她的資質和學業的優良。

一九三七年七月七日抗日戰爭爆發。北平立刻陷於日軍鐵蹄之下，青年學生抗日情緒高漲，全國青年大都奔向兩個抗日聖地，一個是國民政府的「陪都」重慶；另一個是共產黨的根據地延安。北方青年去延安為多，浦家姐妹自然去了延安，進入共產黨創辦的「陝北公學」。一九三八年初浦瓊英和她姐姐正式加入共產黨。因為她生性活潑，聰明好學，「上級領導認為她有進行敵後祕密工作所需的各種長處，因此調她到特訓班加以培訓。……這時因工作需要，浦瓊英改名為卓琳。」（錄「毛毛」原文）

卓琳對黨交付的任務都能完成。那時，中共在延安已牢牢立足，開始考慮重要幹部的婚事，在中共（以及各國共黨）對重要領導結婚都是要「黨來作主」的。鄧小平已三十五歲，尚未成家，身居紅軍主力，一二九師的政治委員，自然要為他安排一個「革命姻緣」。黨中央看中了卓琳，於是一九三九年鄧小平由大別山區來到延安開會時，他和卓琳見面了，是黨的美好安排，也可說「一見鍾情」吧！鄧小平和卓琳那年九月初的一個晚上，他倆在毛的窯洞內舉行婚禮和婚宴，毛澤東、劉少奇、張聞天、博古、李富春等重要領導人夫婦都到齊了。那時，鄧三十五歲，卓二十三歲；鄧長卓十二歲。

鄧、卓的結合自然無「自由戀愛」可言，完全是黨的意旨。鄧已進中年，得此年輕貌美、又受過大學教育的美嬌娘，自然喜出望外。卓則是「麻雀變鳳凰」，平地飛升，由默默無聞的小黨員，一躍成為黨的大員鄧政委的夫人，可以和江青平起平坐，其得意自不在話下。所以他們婚後很快就有了「愛情結晶」，十年內一連生了五個孩子，二男三女，是中共領導人當中孩子較多的一人，而且每一個孩子都有相當的成就。孩子們與父母的關係很親切，家庭很溫暖。這是在中共要人中很少見到的。從鄧的小女兒「毛毛」所著的《我的父親鄧小平》一書中可以看出、嗅到鄧家的溫馨，這是鄧小平另一個成功，值得讚賞！

七、總結

鄧小平的一生充滿了變化和傳奇。他三落三起之後，完成了中華人民共和國復興的重要大業。他的「改革開放」政策和「中國特色的社會主義」風靡了整個華夏大陸。他一九五二年的「南巡講話」成為中國重建重要的藍圖。中國終於在他的卓越設計和領導下站起來了。他廢掉了愛將趙紫陽，扶植接班人江澤民，隔代指定胡錦濤為江的繼承者，使廣大的中國在政治上走共產主義的集權路線，在經濟上走資本主義的自由道路；這種集權與自由並存的路線是人類歷史上前所未有的！但他都真的走過來了，使中華人民共和國在短短的三十年內成為世界上的超強。毛澤東「超英趕美」的豪語，竟然在鄧小平的手中實現，不能說是歷史的弔詭！能不驚嘆嗎？

鄧小平對經過「十年文革浩劫」的億萬中國人而言，他是救苦救難、解民倒懸的觀音大士。對天安門事件萬千青年受難者的親友而言，他是血淋淋的凶神惡煞。因此，他在中國人心目中的印象是混淆的。故我定名他為「紅衣大士」，讀者以為然否？

華夏一百六十年指標人物心態管窺

——台灣百年第一人「謝求公」：東閔先生

小引：

　　作者寫完華夏一百六十年指標人物五組：曾、左；康、梁；黃、蔡；孫、蔣；毛、鄧後，許多讀者提出問題：台灣方面有誰呢？這是一個很難答覆的問題，因為台灣處於中國大陸之外，雖然已開發四百年以上，但台灣人物很少有站上全中國政治舞台的機會。因此還沒有人能到達「華夏一百六十年指標人物」的層次。但台灣近百年來的確人才輩出，對台灣這塊土地和人民有很重要的貢獻。在這些先賢人物當中，作者一再研究，覺得其中一人最為突出，他就是謝東閔先生。因為無論就人格和事功各方面，他都是領先群賢，故我稱他為「台灣百年第一人」。然否？有待讀者的指教了。

——作者

　　謝東閔先生，乳名「進喜」，生於民國前四年（公元一九〇八年）元月二十五日台灣省彰化縣二水鄉光化村一個農民家庭。民國九十年（二〇〇一）四月八日晚逝世，享年九十有四，台灣全島上下都表哀悼，認為損失了一位長者、賢者，更是一位對台灣極有貢獻，值得永遠思念、敬仰的人物。辭世逾十年後的今天，提起「謝求公」（東閔先生別號「求生」，人尊稱為謝求公），在台灣的人，不分省籍、地位，無不衷心讚譽！

　　作者與求公三度在陽明山受訓，同窗共硯。我少他十歲，事他為長兄，承教極多。常拿他和其他的台灣風雲人物比較，深感他的德與業，都勝過其他台灣先賢一籌。值得永遠紀念！

我認為「求公」的過人之處，有六大特點：

第一、熱愛國家民族，摒棄異族統治

東閔先生出生於台灣「日據時期」，他出生之年，日本人統治台灣十三年之久。在日本人「高壓」政策之下，台灣人受盡了「殖民地二等公民」的痛苦。日本人在台灣趾高氣揚，對台灣人百般歧視。台灣人經過日本警察的派出所大門要行九十度的鞠躬禮；日本人對台灣人隨便辱罵，口不擇言。台灣子弟不准進日本人辦的小學、中學和大學。真是令人憤慨！但卻無可奈何。求公在這種政治環境中長大，自然憤憤不平。

他在視同「自傳」的《歸返》一書中有如下面的描述：

> 小學時，每天上學必經警察派出所前面，常看見村人跪在辦公桌前受懲罰……。窮困人家一向賴砍柴維生，砍伐時被日警抓到，便毒刑拷打，非常殘忍。當他們被打得昏迷不醒，警察用冷水潑臉……看了這種慘狀，印象深刻，而播下了敵視日本的意識種籽。
>
> 進入具有民族意識的台中一中以後，……日本人一次又一次表現優越感，……引起大多數台籍學生憤恨……

我想這種情形普遍存在於台灣當時受中、小學教育的青少年們心中，但用斷然的行動表示不滿的人究竟極少。東閔先生卻在中學畢業後，毅然決然，不顧前途的艱辛，隻身離開自己熱愛的家鄉，歸返祖國——中國大陸。

這種「誓不帝秦」反抗異族的統治，不作日本順民的行動，是真正「民族大義」的最高表現。謝求公在青年就有此不凡的表現，是他最值得敬仰之處。尤其他那時家境並非富裕，能夠作此決定，真是愛國家、愛民族、反異族暴政的具體表現。足為全台、甚至全中國青年的楷模！僅就這件事而言，謝求公已經為「百年第一人」奠立了堅實的基礎。

第二、刻苦勵學，自力更生，完成大學教育

　　謝求公不滿日本人統治的暴政，不顧家庭貧困，隻身離開家園和親人，居然敢以上海為目的地，真是他生命中極大的冒險！上海是有名的「十里洋場」，在一九二五年代，一切向錢看，哪有青年人赤手空拳打天下的機會？但他刻苦耐勞，自力更生，奮鬥不懈！到上海不久就獲得半工半讀的機會，考取當時很負盛名的「東吳大學」，下面是節自《歸返》一書中謝先生對冒險赴祖國的回憶：

　　　　民國十四年春天，我已經十九歲，……決心前往祖國升學。……
　　　　不過，促使我敢於面對不可知的未來，除了濃厚的民族意識外，
　　　　另有兩項因素：一是我讀過許多世界偉人如華盛頓、林肯……等
　　　　人的傳記，知道他們遭遇過很大的艱難困苦而後克難成功的故
　　　　事……。另一點就是小時候我看過布袋戲，主角總是在艱危險阻
　　　　中遇到「貴人」，逢凶化吉。……我確信：「天無絕人之路」。

　　就在這種精神和決心之下，他義無反顧，從基隆搭船去日本門司，轉往上海，身上只有三百日圓可用。抵上海後暫住台灣人翁俊明醫生開的「俊明醫院」。三百日圓換了二百七十塊銀元。但住在上海，極節省，每月要花去二十多塊錢。加上要做幾套上海能穿的衣服，二百七十幾塊銀元幾個月下來就所剩無幾，他必須找到工作才能活下去。可是舉目無親，想來想去，只好硬著頭皮向上海高級住宅區的洋人家求職，真是天無絕人之路，不久他居然碰上了一位能講日本話的美國人，介紹他到上海基督教青年會（YMCA），認識了台籍謝扶雅先生，於是扶雅先生推介他進了上海的「承天中學」。

　　在上海承天中學見證了「五三慘案」和「北伐成功」。民國十六年謝求公在上海決定考大學。那年六月他考上了「東吳大學法學院」，院長是著名的法學家吳經熊博士，教授中有大名鼎鼎的胡適博士、潘光旦

博士和大詩人徐志摩，真是大師雲集。但他的老家在二水的父親，經營紅糖事業失敗，無法支持他讀大學，幸而得到為兩位想去日本留學的砲兵營長補習日文的機會，才度過難關。

但上海的生活條件的確不易負擔，求公決定轉赴物價較廉的廣州。幸而轉學中山大學獲得成功，每學期學費、宿費各十元，包括各種開支每月僅需二十元，那是民國十七年九月的事。由於家中經濟來源斷絕，謝先生在中山大學生活過得節儉、勤苦，有時一天只能吃一塊麵包，喝白開水充飢。為了解決生活問題，他決定運用對日本語文較為精通的優勢，從廣州市買到的日文雜誌如《文藝春秋》月刊，選擇有興趣的文章，譯成中文向當地雜誌投稿。想不到一舉成功，以一篇〈接吻的起源學說〉譯文，獲得當地《民國日報》採用，稿費十七元五角，差不多是他一個月的生活費。這條賺錢的路打通了，他一個月可在《民國日報》登出一、兩篇，而他的日文水準受到校中師長的注意，恰好中山大學獲得數萬元的政府特別撥款，其中一萬元是買日文書籍。他的老師，也就是法學院劉院長，指定他翻譯其中一本《中國經濟地理》，獲得稿費大洋三百元，真是如大旱之甘霖，經濟困境全部解除！由此，他精通日文的名聲大噪，在校同學四、五十人組成日文補習班，夜間上課，每人學費每星期五元，經濟來源更加充裕，那是民國十九年，讀到大學四年級時間的事。

在此期間發生了一件重要而有趣的事：《中國經濟地理》一書中文譯本由中山大學法學院出版，譯者原是「謝求生」，但書交印譯者卻變成「謝東閔」。原來是法學院院長替他取了一個新名，下面是自傳中的說明：

> 為什麼為我取名「東閔」？院長解釋：台灣位於大陸東方，我從台灣投向祖國懷抱，「東」字代表來自東方；閔字代表「閔子騫」。「閔子騫」是二千多年前春秋時代魯國人，性孝友。……這是「二十四孝」故事之一。我為反日而返回祖國，具有為民族盡大孝的心意，希望我能做個「來自東方的閔子騫」。

從此，謝求公以「謝東閔」為名，「求生」為別號，這是一段意義深遠的改變。我想當年中山大學的院長，一定是對謝求生這個學生很瞭解，知道的確是一個有修養、品行端正、勤奮力學的青年，前途無量！要用閔子騫來期許他。因為閔子騫是孔子的弟子中「八大賢」之一，《論語》中明載：孔子說：「德行：顏淵、閔子騫。」閔是與顏淵、亞聖齊名的。這樣高的期許，自然使當時的謝求生極其感動，終身以此自勉、自勵。而他一生的修養，比擬孔門大弟子之閔子騫，有過之無不及，成為台灣百年來第一人。

▲ 謝東閔先生中山大學畢業。（謝孟雄提供）

民國二十年初夏，謝求公畢業於廣州國立中山大學，完成了他夢寐以求的大學教育。從民國十四年他到達上海轉赴廣州，到大學畢業長達六年之久，其中所吃的苦，所接受生活艱困的考驗，從他初到中山，阮囊羞澀，每天吃一個麵包、喝白開水度日，可見一斑。而他終由於較通日文，獲得翻譯日文資料向報社投稿以及見重於中山大學社會學院劉院長，翻譯整本重要日文書籍，才使生活安定下來。這種刻苦勵學、自力更生的奮鬥精神，是在台灣人很少見的。值得大書特書的！

第三、含冤忍辱、堅持愛國立場

謝求公在青壯年時代，因熟悉日文肄業於廣州中山大學，使經濟上的困苦獲得紓解，且受到院長的重視。畢業後中山大學聘請他擔任法學院日文專任講師，真是春風得意！但正如俗語所說：禍福相倚，他竟因通日文而受到空前的打擊，這是任何人意想不到的！事情的發展如下：民國二十一年八、九月謝求生留校任講師，甚得學生歡迎。校長、黨國元老許崇智對他很欣賞，有意晉升他為「副教授」。誰知道到了那

年九月,學校即將開課,聘書沒有下來。經過打聽才知道「內幕」,原來,當地情治機關認為謝東閔「有日本間諜的嫌疑」,真是晴天霹靂。求公在自傳中寫道:「這是做夢都不可能夢到的冤枉與屈辱,我極度憤慨與難過。」經過向各方面的據理力爭,但是情治單位不肯改變,學校只肯聘他「兼任講師」,每月鐘點費僅四十元,不夠生活開支,他非常失望。

謝求生不愧是中華男兒,響噹噹的男子漢,他明知是情報錯誤、或有人陷害他,他「打掉牙齒和血吞」,含冤忍辱,不變他愛祖國的初衷。民國十九年時他已參加中國國民黨,要做一個忠貞的黨員和忠誠的中華民國國民。中山大學的兼課待遇既然養不活自己,只有另找財源。幸有朋友幫助,找到廣州附近順德縣一所蠶絲專門學校兼課的機會,收入稍有增加。同時,在「自力更生」的大原則下,運用本身的專長,開設「廣州日文專修館」,每三個月為一期,每期招生三十名,每名學費三十元。自己撰寫了一本《日文綜合讀本》,很受學生歡迎,生活才穩定下來。那時一方面他被廣州治安機關懷疑,他是從台灣來的青年人,通日語、教日語,很可能是「日本間諜」,所以在職務上受到歧視,甚至有隨時被逮捕的危險。另一方面,日本在廣州的領事館人員懷疑他是「從台灣來的反日分子」,據當地台籍醫生告訴他:日本領事館有計畫「誘捕」他,送往東京懲治的安排。真是「兩面不是人」的千古奇冤。在這種情勢下,求公在自傳中寫道:

> 我覺得自己為反日而回祖國求學及做事,一舉一動都是愛國的,問心無愧,縱然遭受一時誤會,終有澄清的一天,所以不放在心上。

為了表示愛國的立場,他經過一位教授朋友的介紹,進入了廣州「軍

▲ 謝東閔先生成家生子。(謝孟雄提供)

事訓練委員會」擔任「少校祕書」，工作和心情才安定下來。那已經是民國二十五年的事。謝求公於民國二十一年十月二十一日與在廣州音樂學院就讀的潘影清小姐結婚，後年長子孟雄出生，一家三口，溫暖的生活在一起，共度艱困的時光。在「軍事訓練委員會」服務期間最為愉快。但好景不常：

民國二十六年七月七日日本軍隊發動「盧溝橋事變」，中國全國軍民開始全面抗戰，治安機關對有日本間諜嫌疑的人監視更加嚴厲，謝家受到波及，風聲鶴唳。謝太太的兄長雖官居師級政治部主任，她仍被疑為日本人，一家人隨時有被治安當局逮捕的可能。謝家在好友、台籍、留日的林家齊教授忽遭逮捕後，決定「避風頭」走避香港。謝求公當時心裡的痛苦是難以形容的。他在《歸返》一書中寫道：

> 我在祖國定居十三年（民十四至二十七），接受高等教育，成家立業，對祖國的熱愛，更是有增無已。可是抗戰軍興，烽火瀰漫大陸南北時，我不但不能參加抗戰，為祖國盡一份力量，而且為了避免無辜被捕，不得不暫離廣州，避難香港。我簡直有錐心泣血之痛。

這是謝求公精神上最受打擊的一段時光。他熱愛祖國，反對日本統治，不惜離鄉背井，遠走心儀的祖國；卻在敵人來犯時，被疑為敵人的間諜，有隨時被捕的可能，只好走避到另一國的殖民地──香港，真是情何以堪！他真是「含冤忍辱」。卻堅持「愛國立場」，走往香港避禍。其心情的煎熬，可說前無古人。但他終於熬過來了。是他的偉大處，更是他足為後世敬仰之處！

第四、光復回台，堅守崗位，不求聞達

民國三十四年（一九四五）八月十五日，日本向中華民國無條件投降，結束了偉大光榮的八年浴血抗戰。在此之前，民國二十六年謝家走避香港，投稿維生，極其艱苦。兩年後，民國二十八年（一九三九）納

粹德國發動戰爭，占領巴黎，威脅英國。香港政府成立「郵電檢查處」，謝先生經友人介紹入該處工作，生活才告安定。但好景不常，兩年後（民三十、一九四一）十二月七日，日軍發動太平洋戰爭，十二月二十五日，日軍占領香港。謝家於次年一月決定離開香港，投奔大後方「抗日基地」的懷抱，他寫道：

▲ 謝東閔先生舉家避難香港（民二十八年）。（謝孟雄提供）

> 十六年前我曾誓言：「只要日本統治台灣，我就不回台灣」，當然沒有留在香港接受日本統治的道理。……民國三十一年六月下旬，佛山輪做了香港之戰以後的首次復航，目的地是日軍占領下的廣州。我決定帶妻兒經廣州到大後方去。

　　大後方的目的地在哪裡？經與擬同行的朋友們商量，決定第一目標為廣西省的桂林，因為那裡有他工作的機會。

　　由香港到廣州，轉往桂林是一件極其危險、艱難的旅程，因為那時廣州已被日軍占領，珠江重要部分在日軍控制之下，去桂林必須搭乘行駛珠江（西江）的船隻前往。但目標既定，義無反顧。於是和一同回大後方的多位友人及其家庭，冒萬險，經過日軍的多次盤查，幸都逢凶化吉。三十一年三月，謝家三口，平安抵達「山水甲天下」的桂林城。全程歷時近兩個月，真是非常艱險。

　　到達桂林後，第一件事是找工作，運氣很好，在香港時的朋友黎蒙先生接掌《廣西日報》，請他幫忙。謝求公別出心裁，在該報創立「電訊室」，自兼主任，靠一架老舊的五燈短波RCA收音機，接收外國的廣播，特別是日本的廣播，居然收到很多外界不知的消息，在《廣西日報》成為「獨家新聞」。短期內，《廣西日報》由於國際新聞迅速正確，早於當地其他幾個報紙數天，於是在幾個月之內，銷路由四個報紙的末名，突然變成第一名，使黎社長和報社同仁大為驚喜！黎社長

要升謝先生為總編輯，他不願接受，仍堅守電訊室主任一職，為報社爭光。

但鑽石是不會被永遠埋沒的，謝先生報國的初衷，機會終於到來了，求公寫道：

> 我不是學新聞科系出身，但在《廣西日報》任職一年，很多建議被接受，工作愉快，生活安定。可是，安定的生活不是我追求的最大目標，當中國國民黨中央黨部任命我為直屬台灣黨部執行委員兼宣傳科長，參與積極的抗日復台工作時，我毅然放棄這種安定的生活，離開景色如詩如畫的桂林。

民國三十二年三月，他從桂林出發前往福建省的漳州，參加台灣省黨部的工作。想到工作一定很忙，便把妻兒暫留桂林，他在黨部的職務是「執行委員兼宣傳科長」。主任委員是台灣國民黨前輩翁俊明先生。但翁主委以「名醫」身分忽然「食物中毒」逝世，疑是日本特務下毒加害，沒機會看到台灣光復，甚憾。台灣黨部奉中央命令由漳州遷往福建臨時省府所在地的「永安」，是一個群山圍繞的小山城，隔日本已占領的廈門很遠，自然較為安全，但生活條件都不如漳州，非常艱苦。他努力工作，用盡方法向隔海的台灣同胞報導祖國抗戰和政府懷念台灣同胞的信息。

到了三十三年，日本軍閥已成強弩之末，敗象已成。次年，五月五日中國國民黨在陪都重慶召開第六次全國黨代表大會，中央黨部指定謝求公代表台灣出席大會，他終於獲得報國的機會。五月五日到七日參加大會，七日晚全體代表會餐後，最高領袖蔣委員長忽然親自告訴他：「謝同志，請轉告台灣同胞，台灣光復的日子快到了！」他極覺振奮，一晚不能入眠。次日清晨就到中央廣播電台用閩南話報告這個好消息。

民國三十四年八月十五日日本宣布對同盟國無條件投降。同年十月二十三日謝求公與赴台灣接收的各級人員乘美軍登陸艇二十六艘，由福

建馬尾港直開基隆港，次日安抵，奉陳儀行政長官之命接管高雄州，包括今天的高雄市、縣和屏東縣。地面很廣闊，各地區因美國空軍轟炸，破壞極嚴重。經過他全力投入，有計畫加以整頓，地方元氣逐漸恢復。次年一月七日台灣行政長官公告，廢除日治時代的行政區的

▲ 謝東閔先生首任高雄縣長（民三十四年十月二十五日）。（謝孟雄提供）

舊制，高雄州改為高雄市及高雄縣（仍含今日的屏東縣），求公出任高雄縣長。他更大大加強地方的復原重建工作，除了順利遣送區內日本人回國外，全力清除人民在日據時代的「皇民化遺毒」，主要為推行國語及為原住民同胞改用中國姓名。同時加強地方文化建設，使人人能聽懂及使用國語。當然，各項被破壞地方建設的修復更是很大的工程，他都全力以赴，獲得人民的讚頌。這是一段很艱難的地方重建工程，求公可說是做得有聲有色，不負上級的期望。

民國三十五年十月求公離開高雄縣長職務，奉調省民政處副處長，因為是幕僚，沒能有所展布；以他積極做事，清廉自持的個性，在那時台灣的官場中是不容易有所建樹的。他在接下來的十多年中，一直是機關副主管。下面是他的經歷：

（一）省教育廳副廳長六年

民國三十六年五月十六日，台灣行政長官公署改制為行省，成為當時中華民國第三十五個行省，定名為「台灣省」，組織和人事卻有大變動，魏道明先生出任省主席；謝求公由民政處副處長調任省教育廳的副廳長，是求公從事教育事業的開始。其實他在廣州時就辦過日語講習班，但正式教育行政且屬高級教育行政副首長則是第一次，開展他的教育事業。

在教育廳副廳長時期值得一記的事包括：

1. 率領「台灣代表隊」參加民國三十七年五月五日在上海市舉行的「第七屆全國運動大會」，成績特優，獲得許多第一名和大會總錦標，一戰成名。

2. 率領台灣棒球隊遠征菲律賓，互有勝負，但在當地率先捐血，引起僑胞熱烈讚美，做了很成功的國民外交。

3. 以副廳長身分先後兼任省立師範學院院長、合作金庫理事長、新生報社董事長和台灣省訴願委員會主任委員等職務，都做得有聲有色。

▲ 謝東閔先生出任台灣省政府祕書長（民四十五年）。（謝孟雄提供）

4. 雖然副廳長是個「閒差」，省屬各中學校長到廳裡參加會議時，常到副廳長辦公室聊天，因而結識了多位知名的中學校長，進而對台灣教育有了很深刻的認識和瞭解。

可是命運之神對他另有安排，副廳長一共做了六年，經過了四任省主席——魏道明、陳誠、吳國禎、俞鴻鈞，每次省府人事改組，他都有出任廳、處首長的消息，但最後還是教育廳副廳長。有些老朋友替他不平，氣憤地說：「東閔兄，如果你家裡的人沒飯吃，我供應。你辭掉副廳長吧！」但他卻甘之如飴，不以副廳長一職為失面子。機會終於到來，民國四十二年五月，中國國民黨聘他擔任中央黨部副祕書長，他方能離開教育廳。求公這種堅守崗位，不求聞達的精神，的確令人敬佩！而這六年的沉澱，對他的未來主持台灣省政是有一定的幫助的。

（二）台灣省議會副議長又六年

民國四十三年六月七日謝先生追隨台省第五任主席嚴家淦出任省政府祕書長，為了將省政府由台北市遷到南投縣中興新村，花了極多、極大的心血。期間又主持建造台中縣清泉崗美軍越南戰爭中使用的龐大機

場，在千辛萬苦中獲得成功，應該是他更上一層樓的機會。可是命運之神要他再一次的沉澱。

民國四十六年六月，即省府祕書長三年後，中國國民黨要求他出馬競選彰化縣「台灣省臨時省議會」的「第三屆議員」。早在十多年前他競選過彰化縣國民大會代表，因對手是好朋友林忠先生，不能用全力而落選，所以這次要重披戰袍他很不願意。但在黨的堅持下，只得出馬，黨並囑意他為當時議長黃朝琴先生的接班人。

彰化民眾對謝求公很有好感，他的競選口號和政見也極響亮。四月十六日晚開票的結果，他獲得六萬七千一百七十五票，是全省第一高票，光榮當選！他與黃議長密切配合，為期又是六年。民國五十二年六月一日，黃議長任滿退休，轉任省營第一銀行董事長。次日，謝求公當選台灣省議會議長。他擔任台灣省兩個機關的副首長各六年，合計十二年，在台灣政壇上無第二人。這種沉潛的修養，不求聞達的內斂精神，使凡知道他的人都肅然起敬，也是為他未來主持台灣省政「一鳴驚人」的重要根基。

▲ 謝東閔先生高票省議員當選副議長（民四十六年）。（謝孟雄提供）

第五、主持台灣省政，締造空前政績

謝先生自台灣光復之初出任高雄縣長一段短時期，然後進入台灣省政府、省議會服務，前後擔任省教育廳副廳長及省議會副議長各六年，又曾任省府祕書長一段時間，可以說是對台灣省省情最瞭解的人。經過十多年的沉潛，機會終於到來：民國六十一年六月一日行政院改組，蔣經國先生由副院長升任院長，台灣省政府主席陳大慶上將調任國防部長，謝求公接任台灣省政府主席，是他政治生命中的最高潮。因為他是台籍人士中出任省府主席的第一人，也是多任軍職省主席以後非

軍人出任省主席的第一人；全省兩千多萬同胞都對謝求公有極其熱切的期待！

謝先生以他熱愛中華民國、熱愛台灣的忠誠以及多年來沉潛後對台灣的深切認識，非常深入瞭解台灣人民的心理和需要，因此在他主持省政的近六年中，有極其動人而成功的建樹。使台灣由名列貧窮，進入「小康時代」，而且有多項行政方面的創新，令全省民眾永遠受惠，至今稱頌難忘。下面是他任省主席時代的重要建樹：

（一）執行「小康計畫」使台灣人民告別貧窮

謝求公出任省政府主席，立即提出消滅貧窮、建立「小康社會」的大計畫，獲得行政院蔣經國院長的全力支持。

他說：「我們中國歷史上，古聖先賢的政治哲學，主張先做到小康，進而達到大同的理想……協助經濟狀況不好的家庭登上小康之境，就沒有貧窮的問題。」他的小康計畫分為三大部分：

1. 擴大收容老弱殘障孤苦無依的人安養：各地公私立救濟院改名「仁愛之家」。仁愛之家以外，另有安養堂、育幼院，無此類機構的地方普遍由政府新設，使老弱無養者都享有最起碼的生活水準。
2. 輔導貧窮的人民生產就業：由省府設立專責機構，訓練有工作能力的貧民獲得謀生的技能，並介紹他們就業，由此貧窮者獲得一定收入，成為「非貧民」，而且達到了「人無一個閒」的目標。
3. 省府興建「平價住宅」給低收入戶的貧民住，解決低收入者住的問題。

省府在這三個方面全力以赴，成果豐碩：民國六十一年十月二十五日推行小康計畫時，全省貧民有七萬四千二百餘戶，二十九萬一千四百餘人；約六年後，即民國六十七年六月底，全省貧民只剩下三千七百餘戶，一萬一千九百餘人，減少了百分之九十八。真是了不起的成就，可以說在台灣歷史上前無古人！

（二）創造「新觀念」，推行「新做法」，使台灣社會充滿蓬勃的朝氣；使台灣成為「亞洲四小龍」之首

　　謝求公在省主席任內，除了小康計畫大放異彩之外，又推出幾個新觀念，全力推動實踐，使全台充滿希望。其最著名、最成功者有下列幾項：

1. 客廳即工場：倡導家庭創業，任何家庭都可成為一個小小的生產基地。家庭每一分子，特別是較閒的家庭主婦，都參加工業生產，做外銷手工藝品加工；得到當年企業界的響應，紛紛將半成品送到鄉下的家庭加工。一時之間，每一家庭都成為「小型加工場」，勤勞的風氣大盛，使數量龐大的家庭成員都成為「工作者」，也是「人無一個閒」的實現。台灣成為最勤勞的國度，居然在短短的幾年內成為亞洲最富庶地區之一，執「亞洲四小龍」的牛耳！謝求公觀念創新，功不可沒。

2. 化雜草為牧草：謝求公說：台灣位於亞熱帶，氣候溫和，雨量充足，全年都能生產牧草，以同樣面積生產牧草，台灣一年的產量，相當於日本三年的產量。於是從民國六十三年春起，省府積極推動「化雜草為牧草」的工作，全省民眾熱烈響應。到民國六十六年，合計有七萬六千戶培植牧草，總產量達一百六十萬公噸。此項計畫完全成功，給人民極豐盛的收入。

3. 全民養牛運動：有了大量的牧草，自然要用養牛來配合，台灣進口牛乳粉的數量極鉅，消耗大量外匯。現在牧草供應充沛，於是省府發動養乳牛運動，從國外買優良種牛。以民國六十三年為例，就進口了乳牛一千三百頭和肉牛五千七百頭。養牛事業在台灣開始有了一定的基礎，牧草也得其用，達成「物盡其用」的目標。

4. 農村社區重劃：台灣省農地重劃的成功，使謝主席產生「農村社區重劃」的構想。他認為台灣省有很多古老的村落，已經相當破敗，人稱「土堆厝」。因尚勉強可用，多不願花錢整頓，於是謝主席找來南投縣長劉裕猷，和他商量把該縣草屯鎮坪林里的五、六十戶人家的土堆厝作為農村社區重劃的實驗場，把老房子、老社區全

面更新，包括道路拓寬修理、建下水道系統、房屋改建等。從民國六十四年開始，六十五年開工，年底就完成了。坪林新社區重整後，全省各縣陳舊土埆厝群起仿效，使全台農村社區煥然一新。

5. 公墓公園化：民國六十三年四月謝主席提出「公墓公園化」的主張；全部舊墓都要「拾金」及骨骸裝入陶製「金斗甕」，奉祀在納骨塔內，騰出來的墓地，重劃為有間隔通道而又排列整齊的墓園。同時顧及民間風水師的生存，特別規定墓地應採八卦的形式。為減少阻力，他把祖厝彰化二水鄉的「第二公墓」作為示範；全部需款新台幣六百萬餘元，除了民間自動捐款，餘額由省府全部補助。二水公墓公園化大獲成功，帶動了全省公墓公園化的風潮。今天台灣各縣市公墓都大部分美觀，是謝主席當年以身作則的結果。

6. 「一金兩箱」改進婚禮浪費：台灣民俗對女兒出嫁都備有厚禮，家境較差人家，常負重債嫁女，成為一種「惡俗」。謝主席覺得必須改進，乃倡「一金兩箱」作為嫁妝之儀，所謂「一金」即縫衣機；「兩箱」則為保健箱和工具箱。保健箱內裝紅藥水、碘酒、繃帶、藥棉、雙氧水等，供應家庭急救之用。工具箱內則有鋸子、鐵鎚、螺絲釘、錐子等。兩箱對農村的家庭非常有用，而縫衣機在那時代的鄉村也是家家要用的東西。「一金兩箱」作嫁妝的倡導，引起了全省嫁女的新風潮，人人高興，家家稱便，感謝謝主席的德意！那是民國六十五年光復節開始發動的事。

7. 民俗體育的重整：謝主席任內特別注意民俗體育的倡導：包括提倡在中、小學校園踢毽子、跳繩、打陀螺、扯鈴及放風箏等活動。不僅發揚傳統優秀文化，而且節約經費卻可發揮保健和育樂的效果，真是一舉數得。一時之間在全省校園，蔚為風氣，全民稱頌！

以上七事，都是謝求公省主席近六年任內的「創新」，為台灣省帶來一股新風氣，社會在不斷改革進步之中。

（三）行政革新與特殊建設

謝主席在位不到六年，除了上述種種創新成就外，還有幾項重要的軟、硬體建設，值得大書特書：

1. 配合中央完成「十大建設」中的四大項：民國六十二、六十三年間，國際上發生石油危機，前此我國被迫退出聯合國，日本繼之與我斷交，國內政治和經濟受到嚴重的壓力。行政院蔣經國院長，高瞻遠矚，特發起國家十大建設，來激發全民士氣，強化國力。其中四項交由省政府負責完成，包括：台中港新建、蘇澳港擴建、北迴鐵路新闢和西部縱貫鐵路電氣化，這四項建設工程都相當龐大。謝主席秉承蔣院長的指示和意志，都一一如期圓滿完成，為國家增加極大的實力，功不可沒！

2. 創設「手工藝研究所」：該所是謝主席任內創設於南投縣草屯鎮，為台灣手工藝的保存、研發與發揚，放一異彩。現該所已擴展為國立，在國際藝術界大大知名。

3. 發展彰化八卦山和造橋山坡地：從九百二十八公頃的「造橋農牧社區」做起，逐漸使它成為「農牧觀光區」，有二十三位創業青年進入該區。在省府指導協助下，短短數年，該區就有了四百多頭乳牛，種植了四十多公頃柿子、四十三公頃玉米、六公頃茶樹、二十七點五公頃桑樹及「盤古拉」牧草一百二十四公頃，可用機械收割，真是一種了不起的成就。

▲ 謝東閔主席率各縣市長自強活動攝於梨山（民六十二年）。（謝孟雄提供）

4. 創辦鹿港民俗文物館：鹿港是清朝時代一個很繁盛的港口，人才輩出，古蹟、古厝特多，尤以「辜家大院」為盛。謝主席想把該鎮作為民俗文物的示範，乃請辜家掌門人辜振甫董事長商談，得到大力的支持。於是省主席在當地人士協

力下興建「鹿港民俗文物館」，獲得很大的成功。今天鹿港已成台灣歷史文物的重鎮，也是觀光的勝地。謝求公的貢獻永留民間。

5. 向髒亂及噪音挑戰：現代社會髒亂和噪音是大害，謝主席任內全力解決這個兩大問題。由省政府發起，全台灣對髒亂和噪音宣戰，得到全省同胞的支持和響應。今天噪音問題已大致解決，髒亂也大有進步。謝求公當年倡議和大力推動是很有貢獻的。

6. 省府新人新作風：上述種種劃時代的改革和進步，雖然出自謝主席的新思維和創新的作風，但單憑一個人的努力是不可能有這樣輝煌的成就的。謝求公主席任內成功之路途有一個一般人不很注意的特點，就是在他領導的省府「團隊」，朝氣蓬勃，幹勁十足。因為他是一位罕見的、卓越的領導者，使全省數十萬員工人人兢兢業業，樂為政府打拚。尤其是在中興新村的省政府，各廳處的各級人員，都抱著犧牲奉獻的精神，服膺謝主席的指導，一心一意為省政的進步、革新而奮鬥。求公的領導哲學，據他自己說，有下列各點：

(1) 在「新陳代謝」原則下，起用了三位優秀的縣市長接任廳處長，包括民政、建設和社會三個廳處（許新枝接民政廳長、林洋港接建設廳長、陳時英接社會處長）。

(2) 延攬卓越學人入省府：台大兩位優秀教授分別出長農林廳和省府委員。

(3) 起用新人，由青年才俊中選拔，包括趙守博三十五歲接新聞處長等。

在新人中，沒有一個人是謝主席的親朋故舊，都是社會知名的行政專家。省府首長陣容煥然一新！有能力、有操守、有學識和修養的各方面才俊，得謝主席的賞識，人人齊心協力，清廉苦幹，以謝主席為核心，省府六年，有極輝煌的成就，自非偶然，而是實至名歸的。

第六、孝、悌、忠、愛、仁、恕，塑造一代完人

謝求公於民國六十七年五月結束台灣省政府的工作，當選中華民國副總統，是台籍人士中出任副總統的第一人，蔣經國總統對他有如下的評語：

> 謝同志為台灣省彰化縣人，少年時即具民族意識，二十歲時，為反抗日人統治，……毅然離台，先後求學上海、廣州等地，大學畢業，從事新聞文化教育工作……數十年來……任何工作崗位，均富有創意，卓著勤勞，而不畏邪暴的膽識和堅忍，治事公勤的態度和襟懷，充分表現革命黨員忠愛國家的精誠志節。

「民族意識、富有創意、治事公勤、不畏邪暴、精誠志節」是謝求公一生立身處世的最佳描寫。經國總統有知人之明，由此可見。

惟分析言之，求公的修養和德行，似可更上層樓。從他八十多年的言行來研究，求公足為後世楷模可歸納成六大項：

（一）孝

求公對雙親的孝行，除了台灣光復後數十年對父母的盡心奉養外，他在廣州艱苦讀大學三年級的時候，收入並不寬裕，卻念及雙親在故鄉非常困苦，特別邀請尊翁在祺公來大陸，從廣州到福建，一路遊覽及瞭解在大陸置產、創業的機會。但當時政局不安，鄉間土匪出入，定居不易，只好送父親自廈門回台灣。這段情節可以看出求公對父母的純孝，即使自己力量有限，仍不忘在困難的父母，想盡辦法協助，對時方二十出頭的青年來說，是極其難能可貴的！

（二）悌

求公對他的弟弟敏初先生的關心和提攜更是無微不至，令人感動！敏初原在二水鄉下協助父親種田，有時以挑賣煮熟了的玉米（台語：番麥）為生，極其艱苦。求公在大陸得知，不管自顧不暇，想盡辦法把弟弟接到廣州，送他進入「仲愷農工學校」，苦讀四年，成績優異畢業。敏初先生此後在農業方面很有成就，台灣光復後回來更自創事業，卓然有成。兄弟二人感情極濃，成為台灣社會的佳話。這種友愛兄弟的「悌」道，在今日台灣也是不多見的。

（三）忠

求公忠於中華民族，忠於台灣，反抗日本統治，數十年如一日。僅就他少年時代即誓不帝秦，回歸祖國，這種情操，是「大忠」的最佳表現，少人能及。

（四）愛

求公愛民族、愛國家、愛社會、愛人民，在他從政數十年中的表現無遺，尤其是任省主席時的政績可以明顯看出。他又在萬難中創辦「實踐女子家政專科學校」，更可知道他對人類的熱愛。因為他堅信唯有幸福的家庭，愛才能生根、茁壯、普及全民。

（五）仁

求公從政數十年，而主持台灣省政六年間，所有建樹，如前言所述，包括小康計畫、消滅貧窮、家庭即工場、增加農村收入等等德政，都是「仁者」之心，仁者之行，全民追念！

（六）恕

民國六十五年雙十節求公被王幸男所製所寄的「郵包炸彈」炸斷左臂，成為殘障，那是何等的傷害、痛苦和打擊！一位日夜為台灣全民花盡心血打拚的人，居然受到如此殘忍的傷害！就常理言，以他的地位，當然可以、也應該對傷害他的人作對等的報復。謝求公不愧是一位偉人，他不僅不報復，而且原諒了王幸男，更約見王幸男在台灣的父母，安慰他們。這種偉大的襟懷，是「恕道」的最高表現。孔子認為「恕」是諸法之源，謝求公真正做到了。

孝、悌、忠、愛、仁、恕六大德行，求公都一一實踐，身體力行，已勝過二千多年前的閔子騫。加上他在台灣政要中是家庭最美滿，最沒有八卦新聞的人，夫妻恩愛，白頭偕老；子孝孫賢，幸福洋溢。中華民國以他為榮，台灣以他為傲。最後，他以中華民國副總統之尊，結束他輝煌燦爛的一生。

上述六大特點，塑造了台灣一代完人。

故曰：謝求公是台灣百年來第一人！

▲ 謝東閔先生九十歲生日。
（謝孟雄提供）

實踐大學數位出版合作系列
史地傳記類　PC0244

古今人物的感情世界
——華夏一百六十年指標人物心態管窺

作　　者 / 梅可望
統籌策劃 / 葉立誠
文字編輯 / 王雯珊
封面設計 / 賴怡勳
執行編輯 / 黃姣潔
圖文排版 / 郭雅雯

發 行 人 / 宋政坤
法律顧問 / 毛國樑　律師
印製出版 / 秀威資訊科技股份有限公司
　　　　　114台北市內湖區瑞光路76巷65號1樓
　　　　　電話：+886-2-2796-3638　傳真：+886-2-2796-1377
　　　　　http://www.showwe.com.tw
劃撥帳號 / 19563868　戶名：秀威資訊科技股份有限公司
　　　　　讀者服務信箱：service@showwe.com.tw
展售門市 / 國家書店（松江門市）
　　　　　104台北市中山區松江路209號1樓
　　　　　電話：+886-2-2518-0207　傳真：+886-2-2518-0778
網路訂購 / 秀威網路書店：http://www.bodbooks.com.tw
　　　　　國家網路書店：http://www.govbooks.com.tw
圖書經銷 / 紅螞蟻圖書有限公司
　　　　　114台北市內湖區舊宗路二段121巷28、32號4樓
　　　　　電話：+886-2-2795-3656　傳真：+886-2-2795-4100

2012年09月BOD一版
定價：320元
版權所有　翻印必究
本書如有缺頁、破損或裝訂錯誤，請寄回更換

國家圖書館出版品預行編目

古今人物的感情世界：華夏一百六十年指標人物心態管窺 /
梅可望著. -- 一版. -- 臺北市：秀威資訊科技, 2012.09
　　面；　公分. --(實踐大學數位出版合作系列)(史地傳
記類；PC0244)
　BOD版
　ISBN 978-986-221-990-4(平裝)

　1. 傳記　2. 中國

782.1　　　　　　　　　　　101016267

讀 者 回 函 卡

感謝您購買本書，為提升服務品質，請填妥以下資料，將讀者回函卡直接寄回或傳真本公司，收到您的寶貴意見後，我們會收藏記錄及檢討，謝謝！
如您需要了解本公司最新出版書目、購書優惠或企劃活動，歡迎您上網查詢或下載相關資料：http:// www.showwe.com.tw

您購買的書名：_____

出生日期：_____年_____月_____日

學歷：□高中 (含) 以下　　□大專　　□研究所 (含) 以上

職業：□製造業　□金融業　□資訊業　□軍警　□傳播業　□自由業
　　　□服務業　□公務員　□教職　　□學生　□家管　　□其它_____

購書地點：□網路書店　□實體書店　□書展　□郵購　□贈閱　□其他

您從何得知本書的消息？

　□網路書店　□實體書店　□網路搜尋　□電子報　□書訊　□雜誌
　□傳播媒體　□親友推薦　□網站推薦　□部落格　□其他_____

您對本書的評價：(請填代號　1.非常滿意　2.滿意　3.尚可　4.再改進)

　封面設計____　版面編排____　內容____　文／譯筆____　價格____

讀完書後您覺得：

　□很有收穫　□有收穫　□收穫不多　□沒收穫

對我們的建議：_____

_____

_____

_____

11466
台北市內湖區瑞光路 76 巷 65 號 1 樓
秀威資訊科技股份有限公司 　　收
BOD 數位出版事業部

....

（請沿線對折寄回，謝謝！）

姓　　名：＿＿＿＿＿＿＿＿＿　年齡：＿＿＿＿　性別：□女　□男

郵遞區號：□□□□□

地　　址：＿＿＿＿＿＿＿＿＿＿＿＿＿＿＿＿＿＿＿

聯絡電話：(日) ＿＿＿＿＿＿＿＿＿　(夜) ＿＿＿＿＿＿＿＿＿

E-mail：＿＿＿＿＿＿＿＿＿＿＿＿＿＿＿＿＿＿＿